Harald Eggebrecht

Kunst des Nickerchens

W0089882

Harald Eggebrecht

Kunst des Nickerchens

HERDER

FREIBURG · BASEL · WIEN

Für Johannes,
den Liebhaber des Kanapees

Gedruckt auf umweltfreundlichem,
chlorfrei gebleichtem Papier

Originalausgabe

Alle Rechte vorbehalten – Printed in Germany
© Verlag Herder Freiburg im Breisgau 2002
www.herder.de
Herstellung: fgb · freiburger graphische betriebe 2002
www.fgb.de
Umschlaggestaltung und Konzeption:
R·M·E / München, Roland Eschlbeck und Liana Tuchel
Umschlagfoto: © Photonica
Autorenfoto: © Regina Schmeken
ISBN: 3-451-07019-7

INHALT

VORWORT

Liege

Liege
an dieser
Wand voller Rätselsprüche.

Du
wirst
die Lösungen hören,
wenn Du schläfst.

Jürgen Eggebrecht

Nickerchen – was soll das schon sein: einfach die Augen schließen, wenn einem danach ist. Eine kleine Pause, eine Mütze voll Schlaf zwischendurch, am Nachmittag, im Sessel, auf dem Sofa. Das kann jedem passieren, auch mal Augen zu vorm Fernsehen, im Kino, im Theater. Was ist dabei? So kennt es wohl jeder. Auch den Aussetzer im Büro, den Abtaucher beim small talk oder die Entspannung nach Stress. Das ist alles.

Oder doch nicht? Wollen sehen, ob nicht mehr hinter diesen Augenblicken und Minuten der Abwesenheit steckt. Vielleicht lässt sich gar eine kleine Physiologie und Philosophie des Nickerchens entwerfen? Am Ende könnte sich eine Lebensgeschichte des kleinen Schlummers aus Erfahrungen, Erlebnissen, Anekdoten ergeben, die zeigen, dass diejenigen, die sich darauf einlassen und vor Überraschungen nicht zurückschrecken, jene Intermezzi als Wohltaten empfinden und sogar eine Kunst daraus machen können. Wer sie beherrscht, hat nicht nur eine der Quellen des Jungbrunnens entdeckt, sondern vermag auch für manches Geheimnis „Lösungen zu hören", während er schläft.

DASEIN UND NICHTDASEIN

Müde bin ich. Ganz plötzlich, unerwartet, aber ohne Zweifel. Und das mitten im Gespräch mit einem alten Freund, den ich lange nicht gesehen und auf den mich daher sehr gefreut habe. Er erzählt munter, ich schaue ihn unverwandt an, damit mich sein Blick fesselt. Doch meine inneren Augen fallen schon zu, meine Konzentration ist nur noch darauf ausgerichtet, nicht den Faden zu verlieren, die Lider angestrengt offen zu halten: Lächeln, beistimmend ihm zunicken oder mit anderen Gesten Aufmerksamkeit vortäuschen. Er spricht und lacht.

Habe ich jetzt nicht gerade zu spät reagiert? Hat er einen Witz gemacht oder redete er von einem Coup, den er gelandet habe? Jetzt greift meine linke Hand unwillkürlich zwischen meine Augen, packt die Nasenwurzel und presst sie von beiden Seiten. Für einen Sekundenbruchteil hilft es, ich sehe klarer, bin wieder da. – – –

Ehrlich gesagt, ich habe keine Ahnung mehr, was mir da mitgeteilt wird, ich habe vielmehr den unbezwingbaren Eindruck, dass der Freund vor mir kleiner wird, schrumpft, nein, sich entfernt. Halt, ich selber entferne mich, erhebe mich langsam, aber unaufhaltsam in eine gewisse Höhe. Der andere wird immer kleiner und kleiner bis zu jener Größe, in der ich ihn zwar noch wahrnehme, aber nicht mehr ganz an ihn glauben kann.

Von außen betrachtet gleichen meine Augen wahrscheinlich nurmehr Katzenschlitzen, mein Freund müsste längst etwas merken. Fehlte nur noch, dass ich zu schnurren anfange. Aber er stockt nicht, wundert sich nicht, dass ich im Raum schwebe, sondern erzählt weiter vom Geburtstag seines Vaters, – oder war es der des Großvaters? – bei dem es zu einer Kette von unvorhersehbaren Zufällen kam. Es habe schon auf der Anreise begonnen, als er auf staufreier Autobahn eigentlich gut vorankam mit seinem neuen Wagen – Kragen, Magen, Tagen? – bis er ein merkwürdiges Vibrieren des Lenkrades spürte, das sich unaufhaltsam verstärkte begleitet von einem rumpelnden Geräusch. Adrenalin, hilf! Reifenpanne ahne ich mehr, als dass ich es noch aus seinem Bericht verstehe. Ich schwebe also, lausche vordergründig seinen Worten und habe mich gleichzeitig sozusagen in die Hinterzimmer bzw. die Intimräume meines Bewusstseins zurückgezogen.

SCHWEBEN

Die Doppelexistenz als Anwesender, scheinbar Wachender und als unbemerkt Dösender lässt sich manchmal eine ganze Weile ertragen. Vor allem dann, wenn ab und zu ein passendes Ja oder Nein, oder ein verständnisvolles Auflachen das Gegenüber in Sicherheit wiegt. Wenn der Andere aber plötzlich schweigt oder selbst anfängt, müde zu werden, dann wird es fast unmenschlich schwer, interessiert zu tun, die Unterhaltung, wie rudimentär auch immer, fortzuführen und dennoch der Schlummersucht nachzugeben. Wie gesagt, ein Schweben im glücklichen Falle. Sonst aber eine Zerreißprobe, bei der der Gedanke nicht fernliegt, im Hirn öffne sich langsam, doch unweigerlich ein Spalt zwischen Außen- und Binnenbewusstsein. Etwa so, wie es im berühmten Nonsensvers von den Männern heißt, sie seien stehend sitzend schweigend ins Gespräch vertieft.

Einem neutralen Beobachter stellt sich die Szene etwa so dar: Da sitzen zwei Herren, trinken Kaffee und sprechen angeregt miteinander. Eine ganz alltägliche Situation. Der eine redet, der andere hört die meiste Zeit zu, wobei er manchmal ein wenig Haltung und Aufmerksamkeit zu verlieren scheint. Dann fuchtelt er aufgeregt herum oder nickt heftig mit dem Kopf oder lacht etwas aufdringlich. Außerdem räkelt er sich deutlich so, als säße er unbequem. Dann wiederum wühlt er unmotiviert durch seine Haar oder drückt seine Nasenwurzel und rollt mit den Augen, während der andere unentwegt plaudert.

Doch was ist das? Dem Zuhörenden wird der Blick starr und die Lider sinken, die Augen fallen momentweise zu, er guckt zunehmend glasig und schräg. Der hört gar nicht mehr richtig zu! Jetzt verliert er sogar die Macht über seinen Kopf, der kippt plötzlich seitlich ab, für eine Sekunde nur, aber immerhin. Oder er sinkt ihm auf die Brust, ebenfalls nur augenblickslang. Nun reißt er sich ruckartig wieder hoch, lächelt sofort und setzt sich anders hin. Doch es dauert nur kurz, bis auch diese Haltung wieder dahinschmilzt und aufweicht. Da passiert es: Das Haupt ist unüberwindlich schwer geworden und ruht nun mit dem Kinn auf der

Brust, die Augen sind geschlossen, der Körper zusammengesackt – der Mann schläft!

Eine Ungezogenheit und Unverzeihlichkeit, in Gesellschaft eines Anderen einzunicken, es so an Respekt, Achtung und Höflichkeit fehlen zu lassen und einfach dem Trieb nachzugeben. Eine Handlungsweise, die sich jemand in hohem Alter vielleicht erlauben darf, weil man ihm solche Müdigkeit nach lebenslangem Kampfe zugesteht. Auch kleine Kinder dürfen sich so aus der Erwachsenenwelt zurückziehen. Aber sonst – unmöglich!

SCHLAFEN ODER NICKEN

Zum Prozess der Zivilisation gehört, so haben wir gelernt, jenes Maß an Erziehung und Contenance, das animalische Bedürfnisse sänftigt und auf einen gemeinsamen Nenner ritualisiert, der für alle gilt, damit Ausgeglichenheit, Erkennbarkeit und Form des Verhaltens den Umgang miteinander erleichtern und auch sichern. In Gesellschaft oder im Dialog aber einzuschlafen – heißt das denn nichts anderes, als dass der andere langweilt und es nicht der Mühe des Wachseins verlohnt? Schläfrigkeit auszuleben, ohne Rücksicht auf den allgemeinen Höflichkeitskonsens – bedeutet das letztlich nicht, sich den anderen ungehobelt zu verweigern, sie einfach zu missachten?

Doch so wird man dem Phänomen nicht gerecht. Das Einnicken, das Wegsinken, der Sekundenschlaf ist nicht einfach nur Reaktion auf unbesiegbare Müdigkeit. Es dient auch nicht bloß reiner Rekreation zum Wohle der Firma, wie sie neuerdings unter dem Stichwort „Powernapping" propagiert wird. Nein, im Nickerchen verbirgt sich die ganze Vielfalt des Lebens: Sein Auftreten zeugt einmal von der Existenz des Biorhythmus, von physischer oder psychischer Erschöpfung. Im Nickerchen verstecken sich darüber hinaus kleine und große Fluchten. Es dient der Realitätsverweigerung ebenso wie dem Ausdruck von Langeweile und Verdruss, es zeigt Schwäche an aber auch Stärke, dokumentiert Frechheit und kann Zeichen von Freiheit sein. Der Kurzschlaf, il pisolino, die kleine Pause, mag reine Angewohnheit sein zur immer gleichen Zeit, am gleichen Ort. Er kann einen aber auch unvorhergesehen und so überraschend überfallen, als sei man nur wehrlose Beute.

Verwechslungen mit der mediterranen Siesta und dem Mittagsschlaf sind häufig. In der Antike teilte man den Tag in zwölf Stunden ein. Es war die sechste Stunde, von der sich das Wort Siesta ableitet, die Pan gehörte, jenem Naturgott mit Bocksfüßen und Hörnern, dem man gleich eine ganze Menge Eltern zutraute. Vater sollen Zeus, Hermes, Apollon oder Kronos gewesen sein, Mutter die Nymphen Kallisto, Penelope, Hybris oder eine Ziege. Pan, den die Römer Faunus nannten, zählt zum dionysischen Teil des Lebens. Er stellte unentwegt den Nymphen nach, sorgte für die Fruchtbarkeit der Herden und war ein leidenschaftlicher Musiker, der die Syrinx, die Panflöte erfand. Er konnte den panischen Schrecken einjagen und zürnte besonders dem, der ihn in der Siesta störte. Daher spielt kein Hirt in dieser Stunde Flöte. Daran hat sich auch Claude Debussy gehalten, als er das erste magische Musikstück des Impressionismus komponierte: „L' apres midi d'une faune", der Nachmittag eines Fauns, also die Zeit nach der Siesta, die im Zeichen Pans eine Stunde der Verzauberung, manchmal auch der Gefahr sein kann. Am schönsten schläft übrigens der Barberinische Faun in der Münchner Glyptothek: Vollkommen gelöst, die Arme unter dem Kopf, die Beine gespreizt, sein Gemächt jedem Blick preisgebend liegt er da, eine antike Statue, die in ihrer vitalen Schönheit, der hemmungslosen Hingabe an den Schlaf entwaffnet und begeistert. Der Bursche schläft wahrhaft erotisch!

Das Nickerchen ist nur fern verwandt mit Hypnos und Morpheus, die die Nachtruhe beherrschen oder den zweistündigen Tiefschlaf am Nachmittag. Dagegen sind Dösen, Sinnieren und Tagträumen die wahren Geschwister. Sie bieten andere Varianten und Facetten des Phänomens. Sogar die Ohnmacht gehört noch zu dieser Familie.

Wer behauptet, er könne nur richtig schlafen oder wachen, nicht aber zehn Minuten sich ausklinken, dem lässt sich im Folgenden zumindest eine Ahnung von jenen kleinen Paradiesen geben, die sich hinter den geschlossenen Augen für ein paar Sekunden oder Minuten betreten lassen für den, der die Kunst des Rückzugs in die Hinterzimmer des Bewusstseins beherrscht, der die Gelegenheiten zu nutzen versteht und keine Angst vor dem Verlust von Kontrolle hat.

SOMNOLOGIE

Das normale Schlafengehen ist ein bewusster Akt: Wer ins Bett steigt, will schlafen. Wenn er es dann nicht kann, liegt es vielleicht an der Ente des Abendessens, die schwer im Magen ruht. Oder spät getrunkener Tee hat den Kreislauf allzu sehr angefeuert. Oder man ist frisch verliebt oder hat im Gegenteil Liebeskummer, der einen nicht zur Ruhe kommen lässt. Schlaflosen wird empfohlen, erstens solche Irritationen zu vermeiden und zweitens möglichst einen geregelten Rhythmus zwischen Wach- und Schlafzeiten einzuhalten, sich also etwa immer zur gleichen Zeit nieder zu legen. Wie dem auch sei, wer sich auszieht und unter die Decke kriecht, weiß, was er tut.

Dank der Erforschung des Schlafes in seinen verschiedenen Phasen und Intensitäten wissen wir: Nahezu jeder Mensch hat eigene Ruhe- und Schlafbedürfnisse und sucht sie auf die verschiedenste Weise zu befriedigen. Es gibt Langschläfer, die mindestens neun Stunden brauchen, um wieder wach ans Tageswerk gehen zu können. Andere können bis in die tiefe Nacht durchmachen, legen sich vier Stunden hin und erscheinen frühmorgens taufrisch und tatendurstig auf der Bildfläche.

Aber in den letzten hundert Jahren ist das Schlafen immer mehr in Misskredit geraten. Die Maschinen sollen rund um die Uhr laufen, also werden Schichten eingeführt, um sie in Gang zu halten. Dabei kann auf die verschiedenen Schlafwünsche und -notwendigkeiten keine Rücksicht genommen werden. In der guten alten Kaiserzeit verbrachten die Deutschen durchschnittlich rund neun Stunden pro Tag in Hypnos' Armen. Jetzt sind nurmehr sieben Stunden dafür übrig, und der Trend geht auf immer weniger und weniger Schlummer. So breitet sich zunehmende Übermüdung aus. Deren weltweite Kosten werden von Schlaffachleuten, den sogenannten Somnologen, auf rund vierhundert Milliarden Dollar und mehr geschätzt. Es gibt Schadenskosten durch Ausschussproduktion, Unachtsamkeit, Fehlverhalten und Schlamperei. Ob die Reaktorunfälle von Harrisburg, Tschernobyl oder die Havarie des Öltankers „Exxon Valdez" – Erschöpfung durch Schlafmangel spielte eine große Rolle bei diesen Katastrophen.

Dennoch stört es einfach den Betrieb, dass die Menschen lebenslang in diesen vollkommen untätigen Zustand von Bewußtlosigkeit sinken, industriepolitisch gesagt, tagtäglich stundenlang ausfallen. Der große Erfinder Thomas Alva Edison hatte geschimpft: „Die meisten Menschen essen hundert Prozent mehr als nötig und schlafen hundert Prozent mehr als nötig, und zwar weil es ihnen Spaß macht. Und diese überflüssigen hundert Prozent machen sie ungesund und ineffizient. Ein Mensch, der acht oder zehn Stunden pro Nacht schläft, wird nie richtig schlafen und nie richtig wach sein – er döst lediglich in verschiedenen Stufen vor sich hin, 24 Stunden am Tag." Gut gebrüllt, vom Erfinder der Glühbirne kann man auch nichts anderes erwarten. Wobei eine neue Studie an der University of California inzwischen herausgefunden haben will, dass Menschen mit acht oder mehr Stunden Schlaf früher stürben als solche, die nur bis sieben Stunden schlummern. Immerhin haben die Wissenschaftler dafür sechs Jahre lang die Schlafgewohnheiten von mehr als einer Million Amerikanern im Alter von 32 bis 102 Jahren untersucht.

Das Groteske jedoch ist: Die Forscher wissen letztlich nicht, weshalb es uns unweigerlich niederzieht. Der amerikanische Biologe Craig Heller gibt kleinlaut zu: „Warum wir überhaupt schlafen, ist eines der größten ungelösten Rätsel der Biologie." In der Antike hatte etwa Aristoteles vermutet, dass die Körperwärme die Verdauungsdünste aus dem Bauch in den Kopf treibt. Dort, so seine Theorie, kühlen sie ab, kondensieren und strömen ins Herz, kühlen dieses ab, sodass die Wahrnehmungen behindert und eingestellt werden. Das Ergebnis: man schläft: „Soviel also über die Ursache des Schlafes: Er beruht darauf, dass die feste Substanz (Nahrung), die von der angeborenen Wärme nach oben geführt wird, in konzentrierter Form zum Zentralorgan (Herz) zurückströmt. Schlaf selbst ist eine Hemmung des Zentralorgans, die dazu führt, dass es funktionsuntüchtig wird. Er tritt notwendigerweise ein (denn ein Lebewesen kann nicht existieren, wenn die Bedingungen seiner Existenz nicht erfüllt sind), und zwar zum Zweck der Erhaltung des Lebewesens: denn Ruhe hat Erhaltung zur Folge."

Die Annahme des byzantinischen Arztes Paulos von Aigina (623–690) kommt unseren Vorstellungen von Entspannung und Regeneration schon näher. Er sagt, dass Schlaf Ruhe der Seelentätigkeit bedeutet. Nach Paulos wird das Gehirn während des Schlafes mit einer lindernden Flüssigkeit angefeuchtet, was physische und psychische Leiden mindert und das Gedankenchaos ordnet. In der zweiten Hälfte des 18. Jahrhunderts formulierte der hannöversche Hof- und Leibarzt Johann Georg Zimmermann ziemlich richtig, dass Wachen und Schlafen eine Sache der richtigen Balance seien. Das klingt nach gesundem Menschenverstand: „All zu vieles Schlafen macht dumm, und all zu vieles Wachen führet zuletzt zu dem Wahnwitz."

So viel ist jedenfalls sicher: Am Ende eines siebzigjährigen Lebens hat unsereins zwanzig Jahre davon verpennt! Das Universalgenie schlechthin, Leonardo da Vinci, hatte sich deshalb, um keine Schaffenszeit zu verlieren, einen eigenen Schlafrhythmus ausgedacht: alle vier Stunden, ob Tag ob Nacht, eine Viertelstunde Schlafs. In 67 Jahren hätte er dann tatsächlich zwanzig Jahre mehr Aktivitätszeit gewonnen.

Das dürfte allerdings unwahrscheinlich sein, weil der Körper solche Exerzitien höchstens über drei, vier Wochen durchhält, wie die Somnologen herausgefunden haben. Dann möchte er doch wieder in gesunden Schlaf sinken. Und dessen Kriterien gelten nicht nur für Menschen, sondern auch für Vögel, Reptilien und Insekten:

1. Bewegungslosigkeit.
2. Eine typische, der Art angemessene Körperhaltung, – beim homo sapiens häufig die Embryohaltung obwohl es auch Bauch- und Rückenschläfer gibt, die sich lang ausstrecken. Die Rückenschläfer hat Konfuzius übrigens gewarnt: sie lägen in der Haltung von Leichen. Stelzvögel wie Kraniche und Flamingos zum Beispiel tun es auf einem Bein, was für eine wunderbare Leistung des Gleichgewichtssinns! Giraffen sitzen und beugen kurzzeitig ihren

Kopf zu Boden, sodass ihr langer Hals einen schönen Bogen bildet.

3. Eine klare Weckschwelle zwischen der Bewusstseinsabwesenheit und -anwesenheit, was schon Aristoteles wusste: „Nun ist es aber unmöglich, im eigentlichen Sinn und schlechthin im aktuellen Zustand der Wahrnehmung zu sein und zugleich zu schlafen. Daher muss man aus jedem Schlaf wieder aufwachen können."

4. die Fähigkeit nach kräftigem Schütteln, Rufen oder anderen Stimulationen aufzuwachen.

Immanuel Kant meinte, dass „jedem Menschen von Anbeginn her vom Verhängnisse seine Portion Schlaf angemessen worden", weshalb kein Erwachsener zu viel schlafen solle, weil es sich lebensverkürzend auswirken würde. Und er warnte: „Wer dem Schlaf als süßen Genuss im Schlummern (der Siesta der Spanier) … mehr als ein Dritteil seiner Lebenszeit einräumt oder ihn sich auch teilweise (mit Absätzen), nicht in einem Stück für jeden Tag, zumisst, verrechnet sich sehr in Ansehung seines Lebensquantum, teils dem Grade, teils der Länge nach." Für den Königsberger Philosophen war das ein „genuss- und tatleeres Drittel", das man ganz „auf eine Seite bringen" und der „unentbehrlichen Naturrestauration überlassen" solle.

Vladimir Nabokov empfand Schlafgesundheit als geradezu obszön und ordinär, etwa bei jenen Zugreisenden, „die ihre Zeitung beiseite legen, ihre lächerlichen Arme zusammenfalten und unversehens mit empörender Selbstverständlichkeit zu schnarchen beginnen". Er selbst litt unter Einschlafschwierigkeiten, die er aber umdeutete – als Zeichen seines nimmermüden rastlos schaffenden Geistes. Doch halt, der inkriminierte Zeitungsleser ist natürlich kein Tiefschläfer, sondern ein klassischer Nicker: einer der die Gunst des Ortes und der Zeit zum Schläfchen nutzt. Thomas Alva Edison, den wir als Ankläger einer allzu verschlafenen Menschheit kennen und der sich als Schlafeinsparer erster Klasse rühmte, war auf der anderen Seite selber ein Künstler des Nickerchens. Als Henry Ford den Meister in seinem Laboratorium einmal besuchen wollte, hinderte ihn dessen Assistent am Eintritt, weil Edison gerade ein Nickerchen nahm.

Ford grinste und sagte, er hätte gedacht, Edison würde nicht viel schlafen. Der Assistent antwortete: „Stimmt, er schläft nicht viel, aber er macht eine Menge Nickerchen!" Ein Kollege wusste, dass Edison nur vier Stunden nachts schlief, doch am Tage mindestens zwei Nickzeiten hatte von beachtlichen je drei Stunden. Die Vermutung liegt nahe, dass der Erfinder mit seinen Schlafschmähungen nur den Nebel verbreitete, hinter dem er unbemerkt seine Nickerchen halten konnte. – – –

Entschuldigung, es ist wieder soweit.

UHRENVERGLEICH

Jeder Mensch hat eine innere Uhr in sich, die seine Hoch- und Tiefzeiten anzeigt, jene seit Jahrtausenden uns eingewachsenen Rhythmen. Sich denen zu entziehen kann man zwar versuchen, aber meist wird man dafür bestraft.

24 Stunden hat der Tag, in den wir unsere Arbeits- und Ruhezeiten einzupassen haben. Wobei letztere, wie gesagt, als störende, weil teure Ausfälle gerechnet werden. Einst endete alle Plackerei mit Sonnenuntergang. Man ging mit den Hühnern zu Bett und war mit dem ersten Hahnenschrei wieder auf den Beinen. Ob der Arbeitstag beschaulicher war, steht sehr in Frage, auf jeden Fall musste körperlich hart geschuftet werden, solange es hell war. Zugleich wurde die Erleuchtung des hinderlichen Dunkels vorangetrieben bis hin zu Edisons Glühbirne, die der Finsternis endgültig den Garaus machte. Heute erhellen Kunstlichtsonnen Bürohäuser und Fabriken, Kraftwerke, Kaufhäuser, Werkstätten und auch die Privathaushalte. „Mein Tag hat 24 Stunden, nicht acht, im

Informationszeitalter hat der natürliche Schlaf ausgedient," tönt daher John Sculley, ehemaliger Chef von Apple-Computer, und schläft in Etappen à la Leonardo.

Dementsprechend müssen immer mehr auch nachts arbeiten, damit die Maschinen niemals stillstehen. Doch diese Entwicklung von rund hundertfünfzig Jahren hat natürlich nicht jene Kraft der Evolution, die unseren Körper in seinen Bedürfnissen und Rhythmen seit Äonen geprägt hat. Seltsamerweise wohnt uns ein Zeitplan inne, der um eine Stunde über Tag und Nacht hinausreicht. Von den Wissenschaftlern wird er „zirkadianer Rhythmus" genannt.

Der Regensburger Chronobiologe Jürgen Zulley spricht von einer täglichen Achterbahn mit Leistungshochs und -tiefs. Zwischen ein und drei Uhr nachts wollen wir nur das Eine: Schlafen. Die Körpertemperatur ist auf 36,5 Grad Celsius gesunken, der Blutdruck liegt darnieder. Wer jetzt arbeiten muss, wird schwer voran kommen, wer zu dieser Zeit Auto fährt, dem droht große Unfallgefahr. Zwischen drei und vier treten wir in die düsterste Phase unserer 25-Stunden-Runde ein. Glücklicherweise liegt man da meistens im Bett. In dieser Stunde des Wolfs, der Geister und Lemuren, wach zu sein, heißt, die Welt nur verzerrt wahrzunehmen, sich in der eigenen Haut nicht wohl zu fühlen, ja, sich gewissermaßen selbst fremd und ein Gespenst zu sein.

Gegen sechs Uhr steigt die Temperatur dann, die Pulse regen sich, um acht herum werden die meisten Sexualhormone ausgeschüttet. Im allgemeinen wohl umsonst, denn da beginnt für Kinder und Lehrer schon die Schule, Eltern und Singles pendeln gerade in die Stadt oder holen Semmeln und die Zeitung, wenn sie nicht schon malochen. Gegen elf haben wir das Hoch für geistig Kreatives. Aber bereits zwischen eins und drei sackt alles wieder ab, Temperatur und Stimmung. Bloß die Fehlerquote steigt. Hier hilft nur noch eine echte Pause: Beine hoch, bequemer Sitz, Augen zu für die klassischen 15 bis 20 Minuten. Das empfehlen die Somnologen. Und tatsächlich wird diese Mittagspause inzwischen in vielen Firmen nicht nur geduldet, sondern sogar unterstützt.

Um drei Uhr sind wir besonders schmerz-unempfindlich, günstig für Zahnarztbesuche und andere masochistische Experimente. Danach geht es steil bergan zum zweiten Hoch, das sich vor allem für sportliche Heldentaten eignet. Die meisten Rekorde werden in Wettkämpfen am Spätnachmittag aufgestellt, weil der Körper jetzt in muskulärer Hochform und besonders reaktionsschnell ist. Zwischen 19 und 20 Uhr sollte man der Happy Hour frönen, weil die Leber dann am besten den Alkohol abbaut. Später sinkt die Temperatur langsam wieder ab bis zum Nachttief.

Diese innere Uhr, gegen die auf Dauer zu leben schwere gesundheitsschädliche Folgen hat, funktioniert in jeder einzelnen Zelle, auch wenn wir im Hypothalamus unseres Gehirns ein winziges Schaltzentrum dafür haben, den Nukleus Suprachiasmatikus, abgekürzt SCN. Die Netzhaut empfängt den Lichtreiz, leitet ihn weiter zum SCN, der dann wiederum der Zirbeldrüse den Einsatz gibt, die Produktion von Melatonin zu unterbinden oder zu verstärken. Für den Organismus bedeutet das, grob gesagt, aufwachen oder einschlafen. Oder in den Worten von Professor Jürgen Zulley: „Melatonin informiert den Organismus über den jeweiligen Rhythmus, gleichzeitig bringt es die Rhythmen über die Tageslichtinformation in Einklang mit unserem Tag-Nacht-Wechsel." Übrigens haben die verschiedenen Tierarten auch für ihren Lebensraum je eigentümliche zirkadiane Rhythmen entwickelt: Der Löwe etwa schläft rund zwanzig Stunden, die Giraffe braucht nur zwanzig Minuten.

SOZIALKONTROLLE

Nickerchen sind, wenn sie gelingen sollen, auch eine Sache von Vertrauen und Selbstvertrauen, von Angstlosigkeit und Souveränität. Wer plötzlich wegtritt, wem in der Öffentlichkeit die Augen unwiderstehlich zufallen, hat oft ein schlechtes Gewissen und muss dazu Spott und Frotzeleien der anderen ertragen. „Schlafmütze" klingt im ersten Moment freundlich. Dennoch lauert hinter dem netten Wort etwas Abschätziges und kann sich durchaus zum bösen Schimpfwort auswachsen. Auch jener unter den sieben Zwergen, der in Walt Disneys grandiosem „Schneewittchen"-Zeichentrickfilm von 1937 als Schlafmütz durch den Film stolpert, rührt zwar in seinem Ungeschick und seiner Tolpatschigkeit. Zugleich aber ist er eben grotesk in seiner Verpenntheit, und unser Lachen ist letztlich eins der Schadenfreude.

Und doch: Schlafmütz ist auch das Salz in der Suppe, die Garantie fürs Chaotische, Unglatte, Unangepasste – und damit fürs Komische. Ein Mitschüler in der Grundschule wurde ständig als Träumer und Schläfer verspottet, weil er nicht am jämmerlichen Unterricht dieser Zwergschule irgendwo in Niedersachsen teilnahm wie die anderen, sondern schwer von Begriff zu sein schien. Dabei hatte er seinen Blick häufig in weite Ferne gerichtet, in eine Ferne, von der die anderen ihr Leben lang nichts ahnen werden. Er war der Sohn des dörflichen Schafmeisters, ein ausgesprochen freundlicher Knabe mit weichen braunen Locken, ebenso braunen sanften Augen und einer sanften Stimme. Seine scheinbare Ungelenkheit bei Bocksprüngen und Staffelholzübergaben erwies sich später im Erwachsenenalter als lässige, etwas schlaksige Eleganz, die wesentlich zu seiner Attraktivität bei Frauen beitrug. Sein Onkel war einst zur See gefahren und hatte im Haus des Schafmeisters eine Kiste mit Siebensachen hinterlassen. Und der Knabe stöberte täglich darin herum, fand unter anderem einen Tropenhelm, ein Moskitonetz, eine Botanisiertrommel, alles Gegenstände, die einen phantasiebegabten Menschen ins Träumen bringen konnten, ja, mussten angesichts der nasskalten norddeutschen Tiefebenen-Tristesse, aus der nur die Hügel aufgehäufter Zuckerrüben ragten.

Wenn er nun auf dem Schulhof von jenen heißen Zonen und Ländern zu erzählen versuchte, in denen man ohne Tropenhelm und Moskitonetz aufgeschmissen sei, lachten die anderen hämisch, denn er konnte nicht schnell sprechen, weil er nach landläufiger Meinung stotterte. Dabei wirkte es eigentlich nur so, als suche er nach den richtigen Wörtern, um die tropischen Paradiese und Dschungelhöllen beschreiben zu können. Die Dorfmeute glaubte keinen Satz. Wovon redete der? Der musste spinnen. Also saß er in seiner Bank und schaute ins Weite, dorthin, wo hinter dem Horizont eine Palme aufragte oder die Segel einer großen Fregatte in Sicht kamen. Manchmal schloss er die Augen und glitt hinüber in jene Breiten, wo zwischen Palmen Hängematten gespannt waren, in die die Seefahrer und Abenteurer ihre müden Glieder sinken ließen. Die Brise vom Ozean kühlte ihnen die Stirn und versetzte die Hängematten in leichtes Schwingen. Oder er führte eine Expeditionskolonne an, irgendwo im afrikanischen Regenwald auf der Jagd nach den seltensten und wunderbarsten Schmetterlingen.

In diese Szenen glücklichen Ausreisens, die solch ein Nickerchen dem Schüler bot, platzte der Schulmeister hinein, befahl dem Schäferssohn aufzustehen, packte ihn am Hals, zog die Haut unterm Kinn, die er zwischen Daumen und Zeigefinger nahm, lang und höhnte: „Na, Träumer, wieder geschlafen?" Und die Bande johlte dazu. Später hat der Junge das Stottern verloren und wurde ein geschickter Elektriker. Außerdem zeichnete er sehr gut. Irgendwann geriet er durch die Liebe nach Mexiko, wo einst auch sein Onkel gewesen war. Aber das ist eine andere Geschichte.

Der berühmteste Träumer gegen eine widrige hektische, auch betrügerische Realität ist Iwan Gontscharows „Oblomow", jener junge Russe, der sein Dasein lieber zu Hause auf dem Sofa verbringt, als sich den Anforderungen des tätigen Lebens zu stellen. Sein bester Freund ist der Deutsche Stolz, ein tatkräftiger, geschäfts- und lebenstüchtiger Mann, der Oblomow aus seiner Lethargie herausreißen und in einen Tatmenschen verwandeln will. Doch Ilja Iljitsch lässt sich nicht mobilisieren, er träumt dagegen von einem paradiesisch unschuldigen Leben ohne Konflikte, ohne Ungerechtigkeit, ohne falsche Aktivität. Solche Geschäftigkeit fürchtet er als Weg in ein fatales Dasein ohne sicherndes Nachdenken, ohne Tiefe der Gefühle, ohne Werte und damit ohne Wert für ihn. Lieber verdöst und verträumt er sein ganzes Leben: „Das Herumliegen war für Ilja Iljitsch weder eine Notwendigkeit, wie für einen Kranken oder für einen Menschen, der schlafen möchte, noch eine Zufälligkeit, wie für einen Müden, noch ein Genuss, wie für einen Faulpelz; es war sein normaler Zustand."

Gontscharows zweifellos liebenswürdiger Held kann sich einfach nicht entschließen, ganz aufzuwachen und ins Leben zu treten. Diese Unfähigkeit führt unaufhaltsam zum Scheitern. Man muss es Oblomow nicht gleich tun, aber wie er ins Schlummern gerät, ist geradezu magisch. Ein schmerzlicher Augenblick der Selbsterkenntnis verwandelt sich unwiderstehlich in ein ausgedehntes Nickerchen. Es ist ein großer Moment der Weltliteratur, den Gontscharow da beschreibt, den Übergang vom Wachen zum Schlafen:

„Das ist wohl mein Schicksal? Was kann ich

dagegen tun ...?' flüsterte er kaum vernehmlich, vom Schlaf übermannt.

‚Zweitausend Rubel weniger Einkünfte ...' sagte er plötzlich laut im Halbschlaf. ‚Sofort, sofort, warte nur ...' und wäre beinahe wieder aufgewacht.

‚Allerdings ... wäre es interessant ... zu wissen ... weshalb ich ... so bin', sagte er wieder flüsternd. Seine Lider schlossen sich ganz. ‚Ja, weshalb ...? Wahrscheinlich ... kommt es ... daher', bemühte er sich noch zu sagen, brachte es aber nicht mehr über die Zunge.

So kam es, dass er bis zur eigentlichen Ursache nicht vordrang. Zunge und Lippen erstarben mitten im Satz, und der Mund blieb ihm offen stehen. Statt des entscheidenden Wortes ließ sich noch ein Seufzer vernehmen, und gleich darauf ertönte das gleichmäßige Schnarchen eines harmlos schlafenden Menschen."

Pardon, bin gleich wieder da ...

UNSCHULD

Am Anfang ist der Schrei, und man weiß noch nichts von Unterschieden zwischen Schlafen und Nicken. Beim Baby hat niemand etwas dagegen, wenn es viel und lange schläft. Dann schreit es nicht, auch wenn die stolzen Eltern gerade in den ersten Monaten so gern in die – abgründig tiefen, weil noch kaum sehenden – Augen ihrer Kleinen schauen wollen und sich am Juchzen, Lachen und Grimassieren nicht satt freuen können. Kaum aber beginnt der neue Erdenbürger seine Umgebung wissbegierig zu erkunden und seine Kriechkreise auszuweiten mit zerstörerischen Folgen für Tischdecken, Zimmerpflanzen, Bücher und ähnliches, dann ändert sich alles. Oder er gehört zu den Nachtteufelchen, die Vater und Mutter alle zwei, drei Stunden aufscheuchen, dann kann es auch für die zärtlichsten Eltern nichts Schöneres geben als ein ruhig durchschlafendes Kind, das dann bekanntlich immer einem Engelchen gleicht.

Diese Engelhaftigkeit lässt sich besonders gut im Drängeln und Schubsen von Sommer- und

Winterschlussverkäufen, an langen Samstagen oder überhaupt im Trubel des Alltags studieren. Während Vater und Mutter nervös und gereizt den Buggy durch die Mengen schieben, stets darauf gefasst, jemanden zu stoßen, anzufahren oder umgekehrt mürrisch wegen des Wägelchens angeraunzt zu werden, liegen die Jonasse und Lisas völlig gelöst in der Karre und nicken vor sich hin. Alles scheint wie hingegossen, die Ärmchen auf oder am zusammengerutschten Körper liegend, die Beinchen hängend und der Kopf zur Seite gerutscht, der Mund offen, über dessen schwellende Unterlippe der Speichel sanft auf die Schulter tropft. Der tosende Lärm aus Getrappel, Geschrei und Gerucke, der den Wagen umfängt, hat nur eine Wirkung: die des Grundrauschens, bei dem abzutauchen eine Lust sein muss. Dass dabei Hektik und Stress der Erwachsenen ausgeblendet, ja, umfunktioniert werden zum erholsamen Hintergrundgeräusch, macht richtig neidisch. Sehnsuchtsvoll schaut der im Trubel verkaufsoffener Samstage herumtaumelnde Einkaufsmensch jener wunderbaren Entspanntheit des Schlummerns nach, der sich die Kinder so unschuldig wie hemmungslos hingeben.

Das tun sie allerdings vor allem dann, wenn die Eltern um sie herum sind. Was aber, wenn Vater und Mutter während des Skiurlaubs endlich einmal zusammen auf die Piste gehen wollen? Sie müssen den Kleinen, nennen wir ihn Georg, in jemandes Obhut geben, einer vertrauenswürdigen und Vertrauen schaffenden Person ihrer Wahl. Diese fiel auf mich, weil ich ein guter Freund der Familie bin. Georg allerdings war ein äußerst wählerischer, argwöhnischer Bub, der Abwesenheiten von Vater oder gar Mutter sehr übel nehmen konnte, was ausgedehnte Zorn- und Verzweiflungsausbrüche auslöste. Andere als die Eltern hatten da kaum eine Chance der Beruhigung und des Trostes.

Nun, schweren Herzens, ja, voller Angst vor einer solchen Eruption des Kleinen fügte ich mich. Schließlich konnte die Abfahrt ja höchstens eine gute halbe Stunde dauern. Ich setzte mich also auf den sonnigen Vorplatz der Skiwirtschaft und nahm Georg, der mich quasi als eine Art entfernteres Familienmitglied akzeptierte so auf meinen linken

Arm, dass er bequem in der Beuge lag. Ich sprach mit ihm und lenkte ihn ab, während die Eltern sich vergnügt davon machten. Tatsächlich blieb der Bub friedlich, lächelte mir zu und wurde ein bisschen müde. Den Ellbogen hatte ich auf den Tisch legen können zur Stabilisierung des Knaben. Er hatte jetzt die Augen geschlossen und bald atmete er tief und regelmäßig. Ich war glücklich und sogar stolz, denn dieses Einschlummern auf meinem Arm war ein absoluter Vertrauensbeweis. So saß ich und bewegte mich so gut wie gar nicht mehr, damit der Kleine bloß nicht gestört würde.

So saß und saß ich, mein linker Arm begann zu kribbeln, der Knabe wurde schwer und schwerer. Nie hätte ich gedacht, dass ein selig schlafendes Kind bis zu sechs Tonnen Lebendgewicht erreichen kann. Längst stand mir der Schweiß auf der Stirn, noch immer waren keine Eltern sichtbar auf dem Haushang. Der Junge, er schlief, mein Arm war eines erbärmlichen Todes gestorben, meine Wirbelsäule schmerzte, die Beine zitterten. Doch ich hielt eisern aus. Lieber einen Arm verlieren als einen brüllenden Georg beruhigen müssen.

Nach mehr als einer Stunde sind sie dann strahlend zurückgekommen und fanden einen seltsam verbogenen schwitzenden Freund, in dessen Arm das Engelchen lag. Es hat übrigens den Rest des Tages gedauert, bis mein Arm einigermaßen ins Leben zurückkehrte.

Solche Traumzeit der Kinder endigt spätestens dann, wenn Lernen und Schlafen zum scheinbar unheilbaren Gegensatz aufgebaut werden. Selbst im Kindergarten wird seliges Dösen am Fenster, durch das die Sonne wärmend und kitzelnd hereinstrahlt, beanstandet. In solcher Leistungsatmosphäre verliert das Nickerchen seine Unschuld, und das Schulkind wird nur mehr heimlich ein kräftigendes oder ausweichendes oder lustvolles Schläfchen nehmen. Erst die Ferien bringen das Glück zurück, nutzlos und unmessbar lang in die Sonne zu blinzeln oder in einer Wiese zu liegen und echte und geträumte Wolken vorüberziehen zu lassen.

Ich zum Beispiel liebte es, in den Wald zu gehen, mich auf ein sonnenbeschienenes Moospolster zu legen und in den Himmel zu schauen durch die sich im Winde wiegenden Baumwipfel. Es waren sehr,

sehr hohe Bäume mit silbrig glänzendem, meist kerzengeradem Stamm: Buchen. Und sie bewegten, neigten sich einander zu, als wollten sie miteinander sprechen. Dieses Schaukeln und, bei starkem Wind, Tanzen der Wipfel verzauberte mich so sehr, dass ich die Orientierung verlor und glaubte, nicht nach oben zu sehen, sondern in die unergründliche Tiefe eines hellblauen Ozeans, in dem sich Unterwasser-farne im Rhythmus der Wellen bewegten, ein ununterbrochenes Regen, Schwingen, Kreisen und Wogen. Der Eindruck des Ozeans wurde durch das Rauschen und Brausen des Windes in den Ästen und Blättern verstärkt. Wie ein gewaltiger Atem schwoll das Sausen an und ab. So versenkte ich mich in diese nicht enden wollende Ebbe und Flut und erkannte, während ich nicht mehr wusste, ob meine Augen offen oder schon geschlossen waren, dass sich Buchen vom Wind ganz andere Laute entlocken lassen als Fichten oder gar Pappeln.

Irgendwann wurde das Geräusch wieder zum reinen Baumrauschen, ich erwachte aus meinem ozeanischen Schläfchen, wandte den Blick dem Wald selbst zu und entdeckte jetzt überhaupt erst die Unterschiede zwischen den Bäumen, ihren charakteristischen Geruch, ihre spezifischen Farben und die Verschiedenartigkeit des Lichts unter ihnen: hell und licht der Buchenwald mit seinem reichen Unterholz aus wilden Erdbeeren, Brombeeren, Schlehen und Nachtviolen, dazwischen Jungbuchen und Holunder; dunkel und dicht die Fichtenschonung, jeder Laut gedämpft, fast schüchtern; übergrün leuchteten die Eschen, bräunlich die Eichenschläge. Der Wald war ein unerschöpfliches Mysterium, unheimlich und verführerisch, mächtig und groß, voller Geheimnisse und Geschichten von Tieren, Pflanzen und Menschen, eine reale, zugleich träumerische, und vom Moospolster aus sogar visionäre Gegenwelt zu Alltag und Schule, immer neu und doch immer derselbe im Vertrauen, niemals enttäuscht zu werden. Oder ich suchte den Blick über den stillen Teich, bis ich eins wurde mit dem Zirpen der Grillen, dem Schrei des Kuckucks, dem Kräuseln des Wassers, dem Wehen des Windes. – Solche Momente machen Nickerchen zum entgrenzenden Einschwingen ins große Ganze.

ORDNUNG MUSS SEIN

Solcherart Freiheit, sich auszuklinken, wird von Älteren und Eltern kaum als Ausgleich genommen für den geordneten Mittagsschlaf, den Kinder selten mögen. Gewiss, der zirkadiane Rhythmus. Aber die reine und auch die praktische Vernunft treiben nicht unmittelbar in Schlaf, noch dazu wenn draußen die Sonne lacht, andere Kinder spielen, die Erwachsenen interessante Gespräche führen und noch Interessanteres tun. War und ist nicht das Mittagsschläfchen etwas für die Alten? Onkel und Tanten durfte man zwischen eins und drei Uhr nicht stören, und auch der Vater zog sich nach dem Essen zurück. Manchmal, an heißen Sonntagen, schlenderte er mit dem Mittagsbesuch durch den Garten, vielleicht auch hinaus in die Felder. Aber irgendwann kehrte er um und legte sich, ganz gleich, ob in feinem Anzug oder in der Gartenkluft, an einen Wiesenhang in den Schatten tiefhängender Apfelbaumäste. Jedenfalls gibt es ein Photo aus seinen jungen Tagen, da fläzen er und ein Freund doch tatsächlich im Smoking im Gras und schlafen selig.

Die Siesta ist eigentlich ein Mischwesen aus bewusstem Sich-Schlafen-legen und jäh überwältigendem Nickerchen, je nach Situation. Winston Churchill, einer der berühmtesten Anhänger schläfriger Unterbrechungen, hat im Gespräch mit Walter Graebner gesagt: „Du musst zwischen Lunch und Dinner eine Weile schlafen, und zwar ohne Halbherzigkeit. Zieh deine Kleider aus und geh zu Bett. Das tue ich immer. Denke nicht, dass du weniger arbeitest wegen des Zwischenschlafs. Das ist die närrische Ansicht von ahnungslosen Leuten. Du wirst mehr vollbringen können. Du kriegst zwei Tage in einem – zumindest einen und einen halben, ganz sicher. Als der Krieg begann, musste ich während des Tages schlafen, weil dies der einzige Weg war, mit meiner Verantwortung fertig zu werden."

Das heißt aber: keine Einhaltung einer genauen Zeit, sondern irgendwann abtauchen zwischen Mittags- und Abendmahl. Eine ziemlich voluminöse, dabei ausgesprochen bewegliche und flinke Tante aus Ostpreußen hingegen hielt sich streng an ihr Programm, sofort nach dem Dessert in die Pfühle zu sinken. Nur hasste ihre kleine

Großnichte den regelmäßigen Mittagsschlaf total. Die gegensätzlichen Anschauungen der beiden stießen sich hart im Raum, und die Kleine musste zornig, aber ohnmächtig weinend nachgeben. Das tat der Tante seligen Angedenkens wiederum leid. Eines Tages fanden die beiden eine salomonische Lösung: Nicht sich ausziehen und ins Bett gehen am helllichten Tag, sondern stattdessen, wie die Tante erläuterte, „bloß auf dem Sofa ein bisschen liegen" und, fügte die Kleine hinzu, „nur ruhen, nur ruhen". Was für die eine Schlaf, der anderen nichts als ein Nickerchen bedeutete.

Ich selbst ließ mich als Kind allerdings so gut wie gar nicht nach dem Essen lagern. Im Gegenteil, die Nahrung gab Kraft und feuerte an zu neuen Taten. Besonders gerne wurde ich an jenen Tagen ins Bett gesteckt, an denen nachmittags der Wanderkinomann kam und seine Projektoren im Saal des Dorfwirtshauses aufstellte. Wer ihm dabei half, durfte umsonst vor die Leinwand, auf der Johnny Weissmüllers uriger Tarzan unnachahmlich mit Krokodilen rang, Kirk Douglas mit James Masons Käpt'n Nemo unvergessliche zwanzigtausend Meilen unter dem Meer dahinzog, von den unzähligen Verfolgungsjagden und Show Downs der Lassy Larock und Bill Carson im Monument Valley und Umgebung nicht zu reden.

Wer aber im Bett schlummerte, konnte nicht beim Dorfkino helfen, das den Eltern allerdings missfiel. Also blieb nur List: Der vermeintlich engelhaft schlafende Knabe ließ seine Schuhe vor der Schlafzimmertür und stieg nach kurzer Wartezeit aus dem ebenerdigen Fenster. Schnell durch ein Loch der Hecke gekrochen und auf blanken Füßen, auch wenn es weh tat, hin zum Kino. Nach dem Film jedoch wurde der Bettflüchtige vom hohen Gericht persönlich in Gestalt der finster schweigenden Mutter abgeholt – in der Hand trug sie des Ausreißers Schuhe – und augenblicklich und ohne Dinner ins Bett verbannt.

PENNE

Also ist die Unschuld längst dahin, wenn mit der Schule jene Phase beginnt, in der die Pennäler erst richtig das verdeckte Schlummern lernen mit Techniken, die sich später im echten Leben bestens bewähren, wenn sie nicht aus der Übung kommen und ein unverkrampftes Verhältnis zum Kurzschlaf behalten. Es ist übrigens ziemlich absurd, dass gerade Kinder, die mehr Schlaf brauchen als Erwachsene in Deutschland schon morgens um acht Uhr antreten müssen.

Nicht, dass Unterricht grundsätzlich langweilig oder nervtötend wäre, aber ein Aussetzer zwischendurch kann nie schaden. Die festgelegten Pausen auf dem Schulhof will und kann keiner verpassen. Jeder möchte mit Freunden ratschen, ein bisschen Tischtennis, Basketball, Fußball spielen oder erste Anbandelversuche unternehmen mit Schulkameradinnen oder -kameraden. Da ist keine Zeit, um mal kurz wegzuschlafen. Außerdem gibt es kaum einen Ort, sich zurückzuziehen. Viel besser und zudem eine imponierendere Leistung ist es, während der Deutschstunde ein unbemerktes Nickerchen zu nehmen.

Manchmal gibt es sogar Lehrer, die der Wirklichkeit Rechnung tragen. Zum Beispiel ein wegen seiner Strenge und Unerbittlichkeit gefürchteter Griechisch- und Lateinprofessor. Der Mann sah aus, als sei sein Beruf eine besonders ausgetüftelte Art von Folter: Unter den schütteren braunen Haarsträhnen schaute unter ewig traurig gefurchter Stirn ein trübes Augenpaar durch eine schwere Kassenmodellhornbrille. Unter der unbedeutenden Nase zogen sich die Mundwinkel unwiderstehlich nach unten. Dazu ein weißlich-gelber Raucherteint, hängende Schultern, ein schleppender Gang und eine vom Weltlauf angewidert näselnde Stimme. Ab und zu, wenn ein Schüler wieder einmal seine totale Ahnungslosigkeit demonstrierte, entblößte der Lehrer seine merkwürdig großen Zähne, als ob er jähen Schmerz empfinde. Dabei war es nur seine Art zu lachen.

Dieser Mann, der die Schule einzig und allein als Bewahr- und Beschäftigungsanstalt für ansonsten gemeingefährliche Jugendliche, also für uns, auffasste, hielt sich selbst für eine Art Anstaltstherapeuten, der uns auf Laune und Leistung zu bringen hatte, ohne selbst dabei irgendetwas Persönliches zu fühlen. Sobald wir uns hingesetzt hatten nach der ersten Begrüßung, erläuterte er seine Prinzipien: Er werde kontinuierlich aufrufen, aber vorher fragen, ob man vorbereitet sei oder nicht. Er schätze es, wenn sofort und ohne Umschweife geantwortet würde mit Ja oder Nein. In letzterem Falle gebe es eine Sechs, aber er würde einen auch nicht weiter behelligen. Nach drei Sechsen hintereinander würden die Eltern benachrichtigt, außerdem ein Verweis erteilt. Ansonsten könnten wir während des Unterrichts auch schlafen, nur schnarchen sei nicht erlaubt, weil es störe. Auch Zeitunglesen sei nicht verboten, nur lautes Blättern und Rascheln ärgere ihn.

Tatsächlich verhielt er sich so konsequent wie angekündigt. Zu schlafen traute sich deshalb kaum einer. Wenn aber doch, gab und gibt es einige Grundregeln: Wer den Kopf auf die verschränkten Arme auf dem Tisch legt, verrät sofort seine Absicht. Diese an und für sich bequeme Haltung pro voziert gewöhnlich Lehrer auf der Stelle zur nervenden und meist entlarvenden Abfragerei. Sich nach hinten zu lehnen, und dabei so zu tun, als ob man aus den fast geschlossenen Augen das Geschehen in der Klasse klar überblickt, geht schon eher. Allerdings darf sich der Nicker nicht zu weit nach hinten kippen wegen Sturzgefahr. Wenn er überzieht, kann er sich nur mit Mühe und unter auffälligem Krach wieder nach vorne holen. Die praktikabelste Technik sieht so aus: Einen halbwegs angenehmen, wenig zu verändernden Sitz einnehmen, dann den Kopf an der Stirn abstützen und den Ellbogen aufsetzen. Auf diese Weise lassen sich die Augen mit der Hand ab-, aber jederzeit auch wieder aufdecken. Außerdem kann man Kontrollblicke durch die leicht geöffneten Finger schicken. Umgekehrt kann der Lehrer schwer einschätzen, ob der Schüler dem Unterricht folgt oder sich in den Kurzschlaf abseilt.

Zu bewundern war, eine Reihe hinter uns, ein älterer Repetent, der nur mit Krawatte das Gymnasium betrat. Der beherrschte bereits die hohe Schule des öffentlichen, gleichwohl unbemerkten

Nickens, nämlich das Kinn so geschickt auf dem Hemdkragen abzustützen, dass er die Hände nicht brauchte. Er schloss die Augen, blieb ansonsten aber unauffällig gerade sitzen. Wurde er angesprochen, legte er sofort los, als ob er nur einen Moment nachgedacht habe. Natürlich boten jene Biologiestunden beste Nickgelegenheiten, bei denen der Lehrsaal verdunkelt wurde, um die bekannten, uralten, vom häufigen Gebrauch stark mitgenommenen Unterrichtsfilme zu zeigen. Kaum versank der Raum im Finstern, das nur vom Strahl des Projektors durchbohrt wurde, lagen die Schüler auch schon mit den Köpfen auf den Bänken, blinzelten ab und an zur Leinwand, auf der Tulpen im Zeitraffer erblühten und verwelkten, oder zu Aufklärungszwecken gerade das Liebesleben der Bienen oder Ameisen erläutert wurde. Doch da gaben sich die meisten dem Nickerchen hin und mussten deshalb das im Schulschlaf Versäumte später im richtigen Leben durch mehr oder minder gelingende Selbstexperimente nachholen.

Hinterbänkler haben grundsätzlich mehr Nickzeit als die Schüler in den ersten Reihen. Deshalb müssen sie keineswegs dümmere Schüler sein. Leider sind auch die zu Orchideenfächern degradierten Kunst und Musik beliebte und nahezu hemmungslos genutzte Tauchstunden, wenn sie nicht zu fortgesetzten Schabernackattacken gegen die machtlosen Lehrpersonen benutzt werden. So reichern sich Auszeit-Techniken und Nickerfahrungen an nach dem zentralen Gymnasialspruch: Nicht für die Schule, sondern fürs Leben – schlafen wir.

IN FANTASIA

„Nennt mich Ismael." So beginnt nicht nur Herman Melvilles einzigartiger „Moby Dick", sondern dieser Satz schimmert hell in einer der schönsten Lebensphasen. Also in jenen Zeiten, als man mit „Käptn Bontekoes Schiffsjungen" in See stach oder unter der Totenkopfflagge segelte mit dem kühnen Ruf auf den Lippen: „Aller Welt Feind, nur Gottes Freund allein". Schon bald wurden am Horizont andere Segel gesichtet. Und aufs Kommando des Roten Freibeuters „Entern!" wurde das fremde Schiff gekapert, reiche Beute gemacht und die schöne Tochter des Gouverneurs in die Kajüte des Piratenhäuptlings geführt. Sie würde ein erkleckliches Sümmchen Lösegeld bringen. Aber dann verliebte sich der Herr der Meere in seine Gefangene und segelte mit ihr nach vielen gefährlichen Abenteuern auf jene Insel, die den Glückseligen geweiht oder wo der ewige Schatz vergraben ist. In letzterem Fall schließt man dann die Gucker „und die schlimmsten Träume, die ich je habe, sind die, in denen ich die Brandung an ihren Küsten donnern höre, oder wenn ich im Bett auffahre und mir die gellende Stimme Käpt'n Flints noch in den Ohren gellt: „Dublonen, Dublonen!"

Oder vor den sehnsüchtigen Augen öffnet sich die weit dahinrollende Prärie, in die hineinzureiten eine Lust ist, gesteigert durch die Jagd auf wilde Bisons. Und abends sitzen die Westmänner, Trapper und ihre Freunde, die Indianer, ums flackernde Lagerfeuer und essen saftige Büffellenden. Oder es gilt, mit Chingachgook und Unkas durch die Wälder am Lake Ontario auf die Pirsch zu gehen und schöne, edle Mädchen sicher ins Fort zu geleiten. „Der Zug war noch nicht lang vorüber, als die Zweige des Gebüsches, welche das Dickicht bildeten, vorsichtig auseinander gebogen wurden und ein Menschengesicht, so trotzig und furchtbar, als wilde Kunst und ungebändigte Leidenschaften es machen konnten, den sich entfernenden Fußtritten der Reisenden nachblickte." Hatte sich dort nicht ein Blatt bewegt, blitzte da nicht das hasserfüllte schwarze Auge eines Mingo? Die Pulse schlugen höher auf diesem Kriegspfad, kaum zu atmen, hieß das Gebot, kein unbedachtsamer Schritt, unter dem Zweige knacken, keine unbedachte Bewegung, bei der Büsche sich bewegen könnten. Und wenn alles gelang, und sich Lederstrumpf dann auf seine lange Büchse stützte bei einer kleinen Rast, fielen für einen Moment die Augen zu, um neue Kräfte zu sammeln. – – – Jetzt, zum Beispiel.

„‚Tom!' Keine Antwort. ‚Tom!' Keine Antwort. ‚Was ist bloß wieder los mit dem Jungen, möcht ich wissen! Hallo Tom!'," Der hatte recht, schwänzte die Schule und „verbrachte die Zeit auf sehr angenehme Weise". Vom Leben am Mississippi ging es hinauf zum Flug mit Nils Holgersson auf dem großen weißen Ganter zusammen mit Akka von Kebnekajse und ihrer Wildgänseschar über das gewürfelte Tuch der Felder und Wälder Schwedens, die voll Sagen, Märchen und Legenden steckten. Jede Landung bedeutete eine andere Region mit all ihren Eigentümlichkeiten. Nach der Tragödie von Kar und Graufell, dieser Geschichte einer wunderbaren Freundschaft zwischen Hund und Elch, strömten Tränen in das Kissen, in das man den Kopf vergraben hatte, bis im Traum der große Schatten des Elches tröstend auf einen fiel.

Wieder bei Kräften rief der Lesewütige mit Ali Baba „Sesam, öffne Dich" oder rieb mit Ala Ed-din an der Wunderlampe oder trieb sich mit Harun er Raschid auf den nächtlichen Straßen Bagdads herum. „Da bemerkte Schehrezad, dass der Morgen begann, und sie hielt in der verstatteten Rede an." Was waren und sind das für unvergleichliche Momente, als Heranwachsende ganze Tage in den Büchern zu verbringen mit dieser alle Phantasie in Realität verwandelnden Leseleidenschaft, die in dieser Intensität der ersten Liebe nie wieder kehren wird.

Um die große, weite, farbenreiche, fremde Welt zu entdecken, genügte die einfache Geste, einen Roman aufzuschlagen und einzusteigen: „Von den südlichen Ausläufern der Pyrenäen her trabte ein Reiter auf die altberühmte Stadt Manresa zu. Er ritt ein ungewöhnlich starkes Maultier, und dies hatte seinen guten Grund, denn er selbst war von hoher mächtiger Gestalt, und wer nur einen einzigen Blick auf ihn warf, der sah sofort, dass dieser riesige Reitersmann eine ganz ungewöhnliche Körperkraft besitzen musste ..." Und dann folgt sechs dicke Bände lang „die Rächerjagd rund um die Erde", der „Große Enthüllungsroman über die Geheimnisse der menschlichen Gesellschaft" von Capitain Ramon Diaz de la Escosura.

Wer hineingeraten war in die ungeheuerlichen Verwicklungen, Verschwörungen, Komplotte, Entführungen, Befreiungen, Morde, Rettungen, für den gab es kein Entrinnen. Essen und Trinken verloren jede Bedeutung. Ob Tages- oder Kunstlicht – einerlei. Nur weiter, weiter durch mexikanische Revolution und deutsche Idylle, über Land und Meer und zurück, in tiefste Verliese und hinauf auf der Pyramiden Spitze, gebeutelt vom Neid und Hass der Bösen, erfüllt von Mut und Kühnheit der Guten. Wenn sich aber die Fülle der Personen zu drehen begann, die Landschaften ineinander rutschten und Wirklichkeit endgültig hinter solch betäubend wilder Buntheit verschwand, dann war längst der Zustand des Somnambulen erreicht, waren Romanungeheuer, Tagtraum und Nickerchen untrennbar ineinander geglitten.

Plumps, macht das herabfallende Buch und lässt einen hochschrecken. Ein Griff, schon liegt es wieder auf den angezogenen Knien und entfaltet sofort von Neuem jenen narkotischen Zauber, den die schöne Esmeralda und der unglückliche, hässliche Glöckner Quasimodo ausstrahlen. In jenen Tagen scheuen die jungen Leser nicht davor zurück, nachts mit Hilfe von Taschenlampen unter der Decke weiter rund um die Erde Erbschleicher und Meuchelmörder zu verfolgen, schöne Comtessen und stolze Indianerinnen zu beschützen und im Leonardo-Stil etappenweise zu pausieren. Und dann jener einzige Moment tränenreichen Schmerzes, wenn der Häuptling der Apatschen sein Leben aushaucht: „Schar-lih, ich glaube an den Heiland. Winnetou ist ein Christ. Lebe wohl!"

Bei solchem Hunger werden auch die umfangreichsten Romangebirge gefressen ob die Lesenden nun Karl-May-, Science Fiction-, Fantasy-, Nesthäkchen- oder Dumas-Fans sind. „Betäubt, beinahe erstickt, hatte Dantés doch die Geistesgegenwart, den Atem anzuhalten, und da seine rechte Hand immer noch das Messer umkrampfte, schlitzte er rasch den Sack auf. Ein kräftiger Stoß mit den Füßen, und frei stieg er an die Oberfläche des Meeres hinauf, indes die Kugel die grobe Leinwand in die Tiefe riss."

Irgendwann lässt dieses frühe Lesefieber, diese Wut nach, der alles andere – Schule, Mahlzeiten, Hausaufgaben, gesellschaftliche Verpflichtungen – untergeordnet und deren Erschöpfung nur von Minutenschläfchen gestärkt wird. Der Bann ist gebrochen, die Realität gewinnt an Boden, die Phantasie diszipliniert sich. Literatur und Wirklichkeit werden als zweierlei anerkannt, obwohl es manchmal wieder Bücher gibt, die einen auch als Erwachsenen erneut berauschen und in jenes Luftreich des Erzählten entführen können: „In diesem Augenblick läutete der Chorknabe, der bei der Messe ministrierte, zur Wandlung. Frau de Renal neigte ihr Haupt, und für einen Augenblick war es fast völlig von den Falten ihres Schals verborgen. Julien sah sie nicht mehr so deutlich. Da gab er einen Schuss auf sie ab und verfehlte sie. Er schoss ein zweites Mal, und sie sank um."

STUDENTENFUTTER

Inzwischen wird studiert, nehmen wir an. Das Lesen artet in Arbeit aus: Lehrbücher, Sekundärliteratur, Fachlektüre, und das alles in rauen Mengen. Da passiert es oft, dass sich schon nach wenigen Seiten die Lider und dann der Kopf senken. Bibliotheken sind nicht nur Stätten wissenschaftlichen Wirkens, sondern geradezu prädestiniert für den Schlaf der Gelehrten und derer, die es werden wollen.

Während geschäftig, doch stets leise das Entleihen und Zurückgeben vonstatten geht, Wissbegierige hereinströmen, andere ihr Pensum beendet haben und den Raum verlassen, sieht man an den langen Tischen im Lesesaal zur Rechten wie zur Linken so manchen Braven niedersinken. Den hat es über Majuskeln und Minuskeln alter Handschriften ereilt, das ergraute Haupt liegt auf dem ehrwürdigen Manuskript, die Brille seltsam verrutscht, sodass der eine Bügel vom Ohr wie eine kleine Antenne absteht. Die Arme hängen schlapp auf dem Schoß, der ganze Mann ein eindrucksvolles Bild absoluter Hingabe. Die junge Dame zwei Tische weiter vorn hat es sich richtig bequem gemacht, ihre große Tasche vor sich auf die Platte gepackt, den Bücherberg daneben. Doch bevor sie anfängt, bettet sie ganz unbefangen ihren hübschen dunkelhaarigen Kopf auf den verschränkten Armen, die wiederum auf der Tasche wie auf einem Kissen weich liegen. Sie schiebt den Körper auf dem Stuhl in den richtigen Winkel, klappt die Augen zu und macht nun den Eindruck, als gebe es der Herr den Seinen wirklich im Schlaf.

Ulrich Raulff hat in einem kleinen Essay die „Bibliothek als Biotop" beschrieben, als Lebensort eines eigenen Volkes von Benutzern, „das unter den Augen der Öffentlichkeit lebt und doch Verborgenheit genießt … wir frönen einer gemeinsamen Leidenschaft. Wir sind Brüder im Bücherstaub, Schwestern in Halbleder." Und er hebt die Gruppe der unauffällig Schlafenden besonders hervor als „große, alte Meister": „Mit unglaublicher Akribie und Geduld modellieren sie Jahr um Jahr die eigene Schlafplastik, um ihr endlich eine täuschende Ähnlichkeit mit dem Bild eines schaffend Tätigen zu geben, demütig streben sie nach dem Ideal sublimer Ununterscheidbarkeit." Während die einen unbemerkt schlummern, gibt es ein paar wenige, die ohne Zögern vor sich hinschnarchen: „… um so größer ist die Bereicherung unseres bisweilen ein wenig monotonen Daseins, das von ihnen ausgeht. Besondere Anerkennung verdienen … die sogenannten Vorlauf- oder Ausblasschnarcher, welche ihre Instrumente nicht mit dem hereinfahrenden, sondern mit dem ausfahrenden Atemwind bedienen: an Tonfülle und expressivem Reichtum sind sie ihren konventionell, das heißt rückläufig schnarchenden Genossen weit überlegen. Wie wunderbar erwärmt sich nicht unser kleines Biotop schon bei den ersten Klängen eines vollen, sonoren Ausblasschnarchens!"

Vielleicht ist es ja so: Umgeben vom Wissen der Welt, zusammen mit vielen Kommilitonen und erfahrenen Forschern in diesem besonderen Saal – da atmet man doch den Geist direkt ein, da kann ein Nickerchen die beste Einschwingvoraussetzung sein, die sich denken lässt. Gewiss, mancher flüchtet sich auch ins Traumland aus Furcht, für die

Prüfung nicht genug getan zu haben. Der dahinten beispielsweise ist ein nervöser Bursche. Eben ist er zum Kopiergerät gelaufen, jetzt sitzt er schon wieder und exzerpiert. Nun trinkt er aus seiner Colaflasche, setzt sich gerade hin, baut das Buch mithilfe seiner Mappe schräg wie auf einem Lesepult vor sich auf und liest mit aufgestützten Armen. Minuten später wirft er den Körper zurück, rückt ihn quer und schlägt die Beine übereinander. Seine Mimik verrät nichts als Sorge und Not. Er blickt ruckartig aus dem Fenster, irgendetwas scheint seinen Blick zu fesseln. Er blättert um, ohne hinzuschauen. Dann, ganz unmerklich verliert sein Leib an Spannung, er sackt ein bisschen nach vorne, der Kopf schwankt, das Nickerchen kündigt sich an. Er zuckt zurück, versucht es mit einer anderen Anordnung. Doch diesmal bleibt sein Blick am schlanken, blond beflaumten Nacken der Studentin vor ihm haften, und die Augen schließen sich wie von selbst. Der Kopf ruht nun auf der Brust, langsam kippt der Oberkörper zur Seite und gleitet wie knochenlos auf das Buch – und dann atmet er tief und gleichmäßig.

Aber sein Gesicht zeigt auch im Schlaf noch Verzweiflung.

So geschieht es täglich in den Lesesälen überall auf der Erde. Der Kluge verlässt sich auf seinen Körper, bettet den Kopf, schließt die Augen und lässt es geschehen. Ich kannte einen, der nachts an seiner Dissertation arbeitete und erst nachmittags in der Bibliothek erschien, um dort nach immer dem gleichen Ritus Kaffee zu trinken, ein paar Seiten zu blättern, dann den Kopf in beide Hände zu stützen und zu schlafen. Nach zehn Minuten hob er das Haupt wieder, reckte sich, rieb die Augen, holte sich einen Kaffee, blätterte etwa zehn, fünfzehn Minuten, legte den Kopf wieder in die Hände und nickte ein …

Auch Seminare und Vorlesungen bieten reichlich Gelegenheit für Nickan- und überfälle. Selbstverständlich kann es am langweiligen Dozenten oder an der Öde des Stoffs liegen, dass manchmal ganze Reihen in den Hörsälen niedergemäht sind. Manchen Dozenten ist das wurscht, besonders wohl solchen, die es ähnlich machen wie jener bekannte französische Professeur, der sich stets nachmittags auf sein Katheder legte und die Augen schloss. Auf Fragen oder ungläubiges Staunen pflegte er im ironischen ‚Napnoozler'-Stil zu antworten: „Je ne dors pas, je conceptualize!"

Nur in kleinen Runden galten wieder die Regeln des verdeckten Schulschlafs, denn wer will schon gerne als Doktorand im Oberseminar mit gesenkten Lidern erwischt werden? Wahrscheinlich würde eine statistische Erhebung ergeben, dass Studenten ein Drittel ihrer Studienzeit verschlafen, so wie es die Menschen insgesamt in ihrem Leben tun. William A. Anthony, Schlafforscher in Boston, fragt daher in seinem Brevier „The Art of Napping" provokativ: Wie kann jemand überhaupt aufs Studium gehen ohne zu nicken? Er vermutet sogar, dass die meisten Studenten auf der Universität eher lernen, Nickerchen zu machen als die Kunst zu studieren. Das muss und wird freilich, behaupte ich, ihren wissenschaftlichen Fähigkeiten und Arbeiten keinen Abbruch tun. Immerhin gibt es dafür keinen besseren Zeugen als Albert Einstein, der nicht nur ein passionierter Langschläfer war, sondern darüber hinaus noch gerne nickte. Um diesen Schlafanfällen aber nicht maßlos ausgeliefert zu sein, fand er ein inzwischen weltweit genutztes Rezept: Er hielt sein Schlüsselbund zwischen den Fingern. Wenn er den tiefsten Entspannungspunkt erreicht hatte, fiel der Schlüssel zu Boden und Einstein erwachte.

LÄRM I

Laute Geräusche wie Donner, das Heulen des Windes oder das Prasseln der Regentropfen können jeden Schlaf vertreiben. Wahrscheinlich weckt es die archaische Angst des einstigen Tieres in uns, das sich vor Unwettern mit Blitz und Hagel fürchtet und verkriecht, aber weiter aufmerksam lauscht, ob eine Sintflut drohen oder eine Feuersbrunst entzündet werden könnte. Selbst schlummernde Kinder erwachen häufig, wenn die Natur tobt. Andrerseits gibt es kaum Gemütlicheres, als sich in die Decke einzukuscheln und eine Gänsehaut wohlig über den Rücken rieseln zu lassen, wenn es draußen stürmt und schüttet.

Rhythmisch wiederkehrende oder andauernde natürliche Laute verschaffen im allgemeinen so etwas wie Geborgenheit: Laute, in die man sich einschmiegen kann wie in die ewig an- und abrollende Brandung oder in den gluckernden Lauf eines Baches, in das Tosen eines Wasserfalls, das Brausen des Windes in den Bäumen, das gleichmäßige Rauschen eines Landregens, in das Schlagen diverser

Vögel. Das sind eigentlich alles gewaltige Wiegenlieder, die der Einnickende dankbar begrüßt. Nichts Schöneres als am Strand zu liegen, den Kopf irgendwie zu beschatten und dem Meer zuzuhören: Wir schließen die Augen, und es läuft nicht nur außerhalb, sondern auch innerhalb von uns auf und ab, dieses Atmen der See. Daraus wird ein Sich-Einschwingen in diesen großen Rhythmus. Identifizierung und Kontrolle, diese schlimmsten Feinde jeder Nickabwesenheit und jedes Schlafes, haben gegen das Meer keine Chance, sie werden so zerrieben wie die Steine.

Am Meer können auch hartnäckige Nickraunzer sich endlich von ihren Minderwertigkeitsgefühlen befreien und den Faden des Erkennens und Benennens unbeschwert reißen lassen. „Napnoozler", diesen Namen hat der Nap-Enthusiast und -Ratgeber William A. Anthony eben jenen Leuten gegeben, die zwar insgeheim stolze Nicker sind, aber vor sich selbst die Wichtigkeit des Nickerchens herunterspielen oder andere darüber hinweg täuschen. Der freie Nickfreund aber wird am Strand keine Gelegenheit versäumen, sich einzuwiegen zu lassen, das scheinbar Immergleiche als Einladung zu verstehen, die Augen zu schließen und sich von ozeanischer Hingabe durchfluten zu lassen. Was anderen als Langeweile erscheinen mag, ist in Wahrheit nichts als die tiefe Erkenntnis, dass wir nur Sandkörner am Ufer des Ozeans sind. Am Strand einzuschlummern, heißt letztlich, eins mit dem Kosmos zu sein. Schon die Vorstellung löst die Lust aus, sich hinzulegen …

LÄRM II

Naturlaute akzeptieren wahrscheinlich alle, da sie meistens mit Ferien, Urlaub oder freien Tagen assoziiert werden, an denen Faulsein, Schlafen und Ruhe erlaubt sind. Ganz anders sieht es aus mit dem tatsächlichen Lärm des Alltags, der technisierten, industrialisierten Welt, in der Autos, LKWs, Flugzeuge den Ton angeben, röhrende, knatternde, aufheulende, dröhnende Misstöne: Reifen pfeifen, Auspüffe knallen, Türen schlagen, Motoren brummen, Bremsen quietschen, Getriebe knirschen, Martinshörner tuten, Straßenbahnen klingeln, hydraulische Bußtüren zischen – eine Kakophonie ohne Ende, die an verkehrsreichen Straßen und Kreuzungen Tag und Nacht durchtönt. Wie da überhaupt schlafen? Deshalb werden Schutzfenster, Rollos und andere Vorrichtungen eingebaut und die Ohren mit Oropax verstopft. Und die Betroffenen träumen vom Häuschen im Grünen, wo es nachts so ruhig ist, dass das Trippeln einer Maus schon als Störung auffällt.

Es gibt dazu eine beispielhafte Comic-Geschichte aus Entenhausen, die der geniale Zeichner

Carl Barks geschaffen hat: Donald Duck lebt mit seinen Neffen Tick, Trick und Track an einer solchen Straße, in der nachts auch noch Feuerwehreinsätze und Katzenkonzerte stattfinden. Er beschließt, in ein ruhiges Villenviertel umzuziehen. Zunächst scheint alles wie gewünscht. Donald lauscht intensiv, kein Laut. Er steigt sogar auf den Tisch, um herauszufinden, ob etwas durch die Decke dringen kann. Alles bestens. Schließlich horcht er noch die Fußleisten ab – und glaubt plötzlich, ein nahezu unmerkliches Knarzen zu vernehmen. Vermutlich die Schuhe des Nachbarn. Das muss er sich nicht gefallen lassen, Donald reißt die Fußleisten ab, presst sein Ohr gegen die Wand. Kein Zweifel, des Nachbars Schuhwerk knarrt. Hatte man ihm nicht eine absolut ruhige Wohnung versprochen? Donald klopft erregt gegen die Wand. Der Nachbar, ein freundlicher schüchterner Herr, hält das für eine Begrüßung und pocht nett zurück. Für Donald eine Provokation, er holt einen Hammer und drischt gegen die Wand. Im oberen Stockwerk erwacht daraufhin ein älterer Herr, der sich fragt, ob er Katastrophennachrichten überlesen habe.

Inzwischen eskaliert die Situation, Donald nimmt jeden Verständigungs- und Befriedungsversuch des anderen als neue Herausforderung und greift zu immer drastischeren Mitteln. Er wirft eine Wanne voll Glühbirnen auf den Boden, die laut zerplatzen, zerrt Schneeketten im Lüftungsschacht hin und her, bis der Nachbar zum Gegenangriff übergeht, mit Vorderladern schießt und den Lärm auf alle erdenkliche Weise steigert. Ausgediente Sirenen werden eingesetzt, Böller. Und so fort. Längst haben Donalds Neffen und die Frau des Nachbarn das durch den infernalischen Lärm bis in die Grundfesten erschütterte Haus verlassen. Der Herr von der höheren Etage glaubt auf dem Höhepunkt der Orgie, der Dritte Weltkrieg sei ausgebrochen und schreitet zur Selbsthilfe. Er sägt ein Loch in den Boden, schiebt ein Schweizer Alphorn hindurch, sodass der Schalltrichter genau über Donald platziert ist und bläst hinein: „Vomp!" macht es, und es fliegen die Federn von Donalds Kopf. Schnitt. Man sieht ihn im Krankenhaus liegen, Tick, Trick und Track besuchen ihn. Er sieht unglücklich aus, denn sein Hörgerät hat zu viele Nebengeräusche, daher kann er die Neffen nur sehr schlecht verstehen.

Das Beispiel zeigt, dass etliche ohne Lärm gar nicht leben, geschweige schlafen oder gar ein Nickerchen nehmen können. Mancher Städter ist deshalb in der ersten Urlaubsnacht irgendwo in den Bergen oder auf dem Land geradezu erschrocken vor dem Dröhnen der Stille und kann nicht einschlafen. Seine Ohren suchen vergeblich nach Geräuschen. Die wenigen sind noch dazu fremd, und so wird er immer wacher und nervöser. Er muss erst lernen, mit dieser heißersehnten paradiesischen Ruhe umzugehen. Besser als jede Flucht ist es allerdings, sich den Stadtlärm untertan zu machen und ihn gleichsam in „Natur" zu verwandeln. Die „Kunst" besteht darin, das Verkehrstosen als Kulisse und Hintergrund zu akzeptieren, ohne Einzelheiten herausfischen zu wollen. Also nicht: das ist die Tram, kommt heute unpünktlich; oh, dieses verdammte Anfahren und Bremsen an den Ampeln; da, ein Krankenwagen; warum hauen die Leute aus der Kneipe gegenüber immer ihre Autotüren so heftig zu und ähnliches. Statt sich in der

Wahrnehmung zu verzetteln und sich vom Geschehen draußen fesseln zu lassen, sollte der Gepeinigte den Lärm wie das weiße Rauschen im früheren Fernsehen nach Sendeschluss auffassen, das Stop and Go an der Kreuzung als eine Art Brandung empfinden, die Martinshörner als dazugehörende Möwenschreie. Schließlich sollte er überhaupt nichts mehr erkennen wollen in diesem Tohowabohu. Dann wird das Lärmen irgendwann zum Grundrauschen absinken, in dem es sich gut schlafen oder auch einnicken lässt. Plötzlich hat es etwas Vertrautes, Sicheres, sogar Beruhigendes.

Eine Zeitlang lebte ich in Berlin als möblierter Student nahe der S-Bahn-Station mit dem sagenhaften Namen „Witzleben". Kein schönes Haus, berlingrau, zwei Erker nach Norden, fünf Etagen. Wie es nach dem Krieg üblich war: jedes Fassadenornament abgeschlagen. Beim Betreten schlug einem ein intensiver Geruch nach altem, unzählige Male nassgewordenem Gummi entgegen. Das lag nämlich als Läufer im ganzen Treppenhaus. Die Wohnung im ersten Stock hatte hohe Räume mit Stuck. In der Mitte jeder Zimmerdecke ein prächtiges Gipsblumengebinde, aus dem der wuchtige Haken für üppige Beleuchtungsarmaturen ragte. Die Vermieterin war Kassiererin in der Lebensmittelabteilung bei Hertie. Sie liebte das Lachen und die Freundlichkeit, eine Liebe, die auch ihre ständige Lebensangst nicht trüben konnte. In einem Auge hatte sie ein auffälliges Zittern und konnte leicht die Fassung verlieren, sodass ihr ganzer Körper ins Beben geriet. Diese ängstliche Erregbarkeit hing mit ihrer Gefährdung während des Nazireichs zusammen, einmal wegen ihrer jüdischen Herkunft, zum anderen wegen ihres losen Mundwerkes. Sie hatte die letzten vier Kriegsjahre im Keller unter einer Kohlenschütte überlebt.

Obwohl sie also jeden Grund zu Furcht und Erschrecken hatte, war sie eine Meisterin des Nickerchens und auch des satten Nachtschlafs. Dabei befanden sich genau unter meinem Fenster und dem meiner Zimmerwirtin zwei Bushaltestellen, ebenso auf der gegenüberliegenden Straßenseite, darunter die des sogenannten „Lumpensammlers", der die ganze Nacht hindurch fuhr. Die bekannten Berliner Doppeldecker machen wirklich mächtig

Krach beim Halten und Anfahren, dazu kommt das Auf- und Zuklappen der Türen, das Gequatsche der Passagiere. Außerdem der übrige Verkehr, der aber abends deutlich nachließ. Insgesamt ein hübscher Lärmbrei.

Anfangs fand ich keine Ruhe, lief zum Fenster, wenn die Busgeräusche fremd klangen, wachte nachts auf, wenn aus dem Lumpensammler irgendwelche gröhlenden Trunkenbolde torkelten. Tagsüber war ich meist in der Unibibliothek, wo ich ebenso fleißig las wie nickte. Eines Morgens begegnete ich der Wirtin, und sie sah mir meine Zerschlagenheit an: „Na, war wohl nüscht mit Poven?" Zur Antwort jammerte ich über den Verkehr. Sie wusste Rat: „Det mit die Busse müssen Se einfach wie det Wellenschlagen am Wannsee nehmen, hin und her, hin und her, hin und her, schlapp, schlupp, schlapp. Ick hab richtich Heimweh, wenn ick im Urlaub keene Busse höre, die sind mein Wiegenlied!"

Gehört, getan. Ich begann, die Busgeräusche in eine Art Wasserspiel umzudenken, nicht mehr An- und Abfahren zu unterscheiden, sondern alles als sich ewig wiederholenden Vorgang hinzunehmen. Wenn ich manchmal früher heimkam, gerade zur Stoßzeit, legte ich mich aufs Bett, hörte dem Rhythmus zu und döste hinüber in die Stille eines Schläfchens. Manchmal, wenn ich heutzutage wach liege, denke ich an die Busse, die vor dem ersten eigenen Zimmer, das ich je hatte, so laut und regelmäßig dafür sorgten, dass ich schlief. Und dabei rutsche ich dann hinüber ins Schlummerland.

Die scheinbar unmöglichste Situation einzunicken, lässt sich in Japan entdecken. Dort gibt es riesige, mehrstöckige strahlend ausgeleuchtete Pacinko-Spielpaläste, aus denen eine wilde Mischung aus Scheppern, Klirren, Musikfetzen und Menschenlärm herausdröhnt, ohrenbetäubend. In langen Sitzreihen spielen dort nahezu bewegungslos die Menschen eine Art Flipper mit Hunderten und, wenn man gut ist, mit Tausenden von Metallkugeln. Für den Ungeübten ist es schon nahezu unmöglich, sich überhaupt auf das Spiel zu konzentrieren. Aber die Japaner können nicht nur das: Einige sitzen vor dem Automaten mit geschlossenen Augen, und während die Kugeln rasseln und durchlaufen, nicken sie ein wenig, um im rechten Augenblick, kurz bevor das Spiel verloren zu gehen scheint, wieder da zu sein und die Partie zu retten. Das sei die Lieblingserholung nach dem Büro, sagt der japanische Begleiter. Aber wie sich erholen und sogar kurzschlafen in diesem martialischen Krach, der den ganzen Körper durchrüttelt? Lächelnd antwortet der Japaner: „Wir suchen im Lärm die Ruhe, die Leere."

LÄRM III

Es gibt Morgen, da wendet man sich, weil gut ausgeschlafen, besonders liebevoll dem Mitschläfer oder der Mitschläferin zu. Er oder sie muss doch auch die Nacht gut verbracht haben, denn die vergangenen, sagen wir, acht Stunden war nichts zu hören. Aber statt in ein ausgeruhtes Antlitz mit erwartungsvoll in den neuen Tag glänzenden Guckern zu blicken, findet man ein von schweren Strapazen gezeichnetes Gesicht vor, aus dem ganz kleine gerötete Augen schauen mit nichts als dem Ausdruck größten Vorwurfs. Bevor gefragt werden kann, heißt es schon: „Du hast wieder geschnarcht."

Ein globales Problem zweifellos. Nach Umfragen schnarcht jeder vierte Erwachsene regelmäßig, 45 % der Befragten tun es gelegentlich. Bei Ehepaaren sollen 87 % der Männer den Schlaf ihrer Frauen ruinieren; nur 57 % der Frauen revanchieren sich. Dass beim Schnarchen bis zu 87, 5 Dezibel erreicht werden können, und Lärm gesundheitsschädlich ist – wir wissen es. Diese Zahlen geben aber nur über Quantitäten Auskunft nichts über Qualitäten. Die Meister in der Vernichtung der Stille der Nacht verfügen über ein reichhaltiges Reservoir verschiedener Werkzeuge. Am häufigsten wird das Schlummerholz bearbeitet, beginnend mit zum Teil wunderhübschen – im Dunkeln leider nicht sichtbaren – Laubsägearbeiten, hergestellt durch kurzes, aber zielsicheres Hin- und Herziehen. Andere pirschen tiefer in den Wald auf der Suche nach einem Objekt für die schwere Baumfällersäge, die eigentlich nur von zwei Männern geführt werden kann. Problematisch sind vor allem die Akkordarbeiter an Band- und Motorsäge, die klafterweise Holz zuschneiden und Späne produzieren, bis das Schlafzimmer und die ganze Wohnung randvoll sind, weit über die Anforderungen jeder Vorratswirtschaft hinaus. Sehr viel komplexer gehen die Drechsler vor, denen in unberechenbarer Weise die Zunge dazwischen gerät und so die Atemzüge schraubend-saugend verwirbelt. Ganz anders die Liebhaber hoher Blasinstrumente, die in langsam absinkenden Pfeiftönen den Niedergang der Welt beklagen. Eine der delikatesten, fast rührenden Techniken wenden Frauen gerne an, indem sie das Ausatmen mit schnurchelndem Geschnatter begleiten, hervorgebracht durch das entspannte Nachfedern des Unterkiefers. Dem stehen jene Kap Hoorniers entgegen, die bei Orkanstärke alles Tuch setzen, und, bar jeder Vernunft, das Gaumensegel als Spinnaker dazu.

Will der einsam Wachende dem Rasseln, Schnorzeln, Ächzen und Schnauben ein Ende machen, muss er den Lauthalsbläser in die stabile Seitenlage bringen, wie auch immer, denn nur auf dem Rücken und mit offenem Mund kann man in See stechen. Nichts freilich beendet die schönsten Abenteuer unter dem *velum palatinum* grausamer, als in der Hitze der Nacht mit dem Taufnamen angebrüllt zu werden.

Auch Nickende können ins Schnarchen geraten, was nicht nur, wie oben bereits erwähnt, in Schule und Bibliothek stören kann, sondern überhaupt an öffentlichen Orten Ärger erregt, man erinnere sich an Nabokovs Wut über den Mitreisenden im Zug, der so leicht einschläft und schnarcht. Das Bittere für die Wachen und das Barmherzige für die Schnarcher ist: Der Schnarcher hört so gut wie nie, dass er schnarcht. Höchstens dann, wenn er sich der Schwelle zum Erwachen schon sehr genähert hat.

Warum wir schnarchen? Einige Wissenschaftler meinen, dass der Schnauflärm in der Vorzeit nachts gefährliche Tiere abhielt. Das wäre immerhin ein nützlicher Grund. Ansonsten sind die Nachrichten über das Schnarchen vor allem für die männliche Welt ziemlich harsch. Da ist viel von Erschlaffung der Schleimhäute im Nasenrachenraum die Rede, von fehlgebildeten Schnarchspalten, die man im Babyalter noch chirurgisch entfernen kann, vom Zusammenhang zwischen Älterwerden und Zunahme des Schnurchelns. Die Sache ist so alt, wie die Geschichte der wenig toleranten Reaktionen darauf. In Wirtshäusern und Büros, auf Partys und sogar in Kirchen wird geschnarcht.

Wie einfühlsam ist da der Altvater Poimen, als er von einem Wüstenvater gefragt wurde: „Wenn wir beim Gottesdienst Brüder einnicken sehen, willst du, dass wir ihnen einen Stoß geben, damit sie in der Vigilie erwachen?" Altvater Poimen erwiderte: „Wahrlich, wenn ich einen Bruder einnicken sehe, dann lege ich seinen Kopf auf mein Knie und lass ihn ruhen."

Wer also in öffentlichen Räumen eine Mütze Schlaf nimmt, sollte darauf achten, den Kopf nicht zu weit nach hinten sinken zu lassen, weil in der Entspannung das Kinn herunterfällt und der Mund sperrangelweit offen steht. Und dann beginnt das Sägen. Unglücklich sind auch solche Positionen, bei denen der Kopf schräg abknickt und die Atmung behelligt wird. Das zwangsläufige Schnaufen und Röcheln klingt gegenüber dem offenen Schnarchen sogar gefährlich nach Atemnot. Wer das Selbstbewusstsein und die Freiheit hat, einzunicken wo und wie es ihn überkommt oder er Lust verspürt, der sollte dabei nicht lärmen, sondern sein Haupt unmerklich anlehnen, die Augen zuklappen und ruhig atmen. Häufig merken es die Anwesenden dann gar nicht, dass einer kurz abwesend ist.

STEHEN, SITZEN, LIEGEN I

Wie man sich bettet, so liegt man, lautet ein gängiges Bonmot. Natürlich ist damit mehr gemeint; das zielt auf die Lebenshaltung des Betreffenden, seine Angewohnheiten, seine Vorlieben, Schwächen oder Stärken. Gern wird der Spruch benutzt, wenn auf Erotisches angespielt wird. Insofern ist die erste Bedeutungsebene eher harmlos. Trotzdem weiß jeder, was es für den jeweiligen Rücken bedeuten kann, zum Beispiel in dem ausgeleierten, durchhängenden Bett einer römischen Pension schlafen zu müssen. Für andere wiederum kommt es einer Folterung gleich, wenn sie sich auf einem japanischen Futon die Knochen durchliegen müssen. Und keineswegs alle mögen das Schaukeln, Glucksen und Schwappen eines Wasserbettes, das als sündiger Luxus gilt.

Doch was für den Nachtschlaf falsch sein mag, muss beim Nickerchen kaum eine Rolle spielen. Der Könner wird sich weder von maroden Matratzen, harten Lattenrosten, noch härteren Pritschen, selbst nicht von härtestem Stein abhalten lassen, zu „konzipieren". Er wird es sich auf der jeweiligen Unterlage so weit bequem machen, dass es für zehn bis zwanzig Minuten reicht: Also beispielsweise ein Kissen in die Matratzengrube, um das Kreuz zu stützen, oder auf dem Futon sich ruhig ausstrecken, auf der Pritsche vielleicht den Mantel unterlegen, ebenso beim Steinfußboden, bei dem sich zusätzlich gegen Kälte eine möglichst dicke Lage von Zeitungen als Zwischenfutter empfiehlt. Und schon nimmt der Nicker sein Päuschen …

Meistens hat jeder einen Lieblingsplatz: Die einen ziehen sich ins Schlafzimmer zurück, andere nicken im Sessel, wieder andere sinken über der Tastatur des PC zusammen oder ruhen auf verschränkten Armen an Kantinen- und Bürotischen. Alles Orte des normalen Alltagslebens. Aber das Bedürfnis, dieser Welt ein Weilchen abhanden zu kommen, kann sich ja wirklich überall einstellen: Im Gespräch, auf Kongressen, während des Fliegens, beim Zug-, Tram- und Autofahren, nachts und tags, selbst während der eigenen Rede, auf dem Podium, im Wartezimmer oder sogar auf dem

Arztsessel. Letzteres zweifellos eine grandiose Leistung, sozusagen ein Virtuosenstück, das William Anthony selbst erlebt hat: „Neulich habe ich meine höchste Nap-Wertung erreicht – während einer ambulanten Operation mit Lokalanästhesie. Während die Chirurgen anfingen zu nähen, was ihrer Ansicht nach Dutzende Stiche bedeutete, sagte ich ihnen, ich würde ein Nickerchen machen. Ich lag halb zurückgelehnt auf dem Operationsstuhl; Lampen schienen grell in meine Augen; Mitglieder des Operationsteams unterhielten sich lustig; jeder Stich zog etwas an meinem Gesicht; medizinische Gerüche durchdrangen den Raum. Als ich erwachte, sprach eine Schwester leise zu einem in den Raum Tretenden: ‚Ruhig, er nickt gerade.‚ Nach der Operation stimmten alle Anwesenden darin überein, dass dies eine sehr, sehr eindrucksvolle Demonstration von kühnem Einnicken gewesen sei."

Unvergesslich bleibt eine Diskussion, bei der es um städtische Kulturpolitik ging. Ein neuer Referent sollte gewählt werden, dementsprechend waren die einschlägigen Kandidaten eingeladen worden, ihre unterschiedlichen Positionen und Vorstellungen zu erläutern und sich den Fragen von Publikum und Fachleuten zu stellen. Die einzige Dame war Opernkritikerin, von den Herren leitete einer die Volkshochschule, ein anderer arbeitete als Stadtrat mit musischen Neigungen, dieser, der bisher in einer anderen Stadt in gleicher Funktion gewirkt hatte, galt als Favorit und jener letzte als quirliger Geheimtipp. Die Veranstalter konnten zufrieden sein, denn bis auf die Gänge des Saales hinaus standen die interessierten Zuhörer. Der Abend dehnte sich über zwei Stunden und mehr. Die Moderatoren fragten ihre Liste ab, die Bewerber antworteten, wie sie konnten: Die Dame mit Schwung und geradheraus, der Stadtrat mit vielen Worten nichtssagend, der Volkshochschulmann bedächtig und abwägend, schließlich der Favorit mit nicht enden wollendem Redeschwall im Predigerton. Nur der Geheimtipp, der gleichsam den Hecht im Karpfenteich spielen sollte und eigens aus New York angereist war, hielt sich bis zu absoluter Schweigsamkeit zurück, stimmte manchmal wider alles Erwarten seinem Vorredner mit einem

„so ist es" zu oder rückte nur unwillig mit der Sprache heraus, als habe man ihn aufgestört, und manchmal kam auf eine Frage auch gar nichts. Die Enttäuschung war groß bei denen, die auf den Quirligen gesetzt hatten. Auch ich staunte ungläubig, als der Geheimtipp auf dem Podium sogar einnickte – und zuckte entsetzt hoch, als ich merkte, dass der, der da in aller Öffentlichkeit seinen Jetlag pflegte und eine Auszeit nahm, niemand anderes war als ich selbst!

STEHEN, SITZEN, LIEGEN II

Kürzlich traf ich einen alten Bekannten wieder, den ich einige Zeit aus den Augen verloren hatte. Ein echter Workoholic, der meine Nickneigung nicht nur immer verspottet hatte, sondern sie vermutlich als pure Faulheit verachtete. Allerdings haderte er nachmittags oft mit seiner zunehmenden Zerstreutheit, trank literweise Kaffee gegen aufkommende Erschöpfung und schmähte, Leute, die sich einfach auf die Bärenhaut flackten, könnten gar nicht nachempfinden, was es heiße, wirklich zu arbeiten. Er konnte einem leid tun, wenn er aus kleinen geröteten Augen blinzelte und so vor sich hinmaulte.

Nun stand er, ein stattlicher Mann, vor mir mit ungewohnt klaren, vergnügt blitzenden Blicken, einen schwarzen Borsalino kess aufgesetzt und mit spitzbübischem Grinsen auf den Lippen, als er sagte: „Du, ich hab' mir einen Stuhl gekauft, so einen ergonomischen, eigentlich mehr eine Liege. Der steht jetzt in meinem Büro, und nachmittags hau ich mich da drauf, wenn nix mehr geht. Manchmal dauert es bestimmt keine Minute und ich bin weg. Beim Aufwachen erschrecke ich jedes Mal, weil ich denke, ich habe zwei Stunden gepennt. Aber zu meiner Überraschung sind es immer nur fünfzehn bis zwanzig Minuten. Danach fliegt alles nur so!" Ein eingefleischter Antinicker als Konvertit, einen kleinen Stolz konnte ich nicht unterdrücken und gratulierte: „Welcome to the club!"

Die Fragen, wo, in welcher Haltung und wann muss jeder natürlich für sich selbst beantworten. Il Pisolino, das italienische Traditionsnickerchen, entspricht unserem klassischen Mittagsschlaf. Der brave Familienvater verlässt mittags sein Büro, isst daheim und legt sich danach hin. Er muss sich nicht gleich ausziehen und ins Bett steigen, sondern kann einfach auf der Tagesdecke sein sozusagen gutbürgerliches, programmgemäßes Nickerchen nehmen. Oder es machen wie ein erfahrener Richter in Napoli, der sich die Akten vom Gerichtsdiener nach Hause bringen ließ. Nach dem Essen legte er sich aufs Bett, aber nur halb, denn hinter den Rücken steckte er alle möglichen Kissen und begann dann mit dem Aktenstudium. Es dauerte nicht lange, da pausierte er mit der Brille auf der Nase ...

Oder der Nickwillige zieht das typische Kanapee im Wohnzimmer vor: Schuhe aus, Krawatte ab, Gürtel lockern, noch ein Blick in die Zeitung, dann sacken die Arme herunter, gerade bleibt noch Kraft genug, die Brille abzunehmen. Der Kopf rollt auf der gepolsterten Lehne ein wenig zur Seite, und schon wird am Fadenriss gearbeitet. Auf diesem Möbel gilt jeder Schlummer als erlaubte Erholung, nicht als unehrenhaft tagediebischer Schlaf.

Das Kanapee bietet darüber hinaus einige Varianten: Der Radio- oder Plattenfreund zum Beispiel setzt sich bequem hin und legt eine CD auf oder lauscht dem Rundfunk. Und während gerade die Nachrichten im Westen und im Nahen und Fernen Osten nichts Neues melden, die Korrespondenten aus Berlin, New York, Rio, Tokio berichten, auch noch Interview-Fetzen und Politikerfloskeln das Ohr erreichen, sitzt er ganz entspannt, Haupt auf die Brust oder nach hinten an die hohe Lehne gestützt, und lässt sich vom nüchtern vorgetragenen

Weltgeschehen ins Hinterstübchen seines Bewusstseins treiben. Wenn er wieder auf der Vorderbühne erscheint, läuft bereits ein Musikprogramm. Oder die CD mit Beethovens Violinkonzert ist längst tief im letzten Satz angekommen. Oder auf dem Kanapee türmen sich Kissen, in die man versinken kann. Gerade noch drei, vier Zeilen lesen, dann rutscht der „Spiegel" runter und der Leser versackt in holdes Dösen.

In letzter Zeit haben sich die Wohltaten des Schläfchens weltweit herumgesprochen. In amerikanischen und japanischen Betrieben wurden extra Ruheräume eingerichtet, in denen die Angestellten zum „Powernapping" schreiten. „In Spanien gibt es Läden", berichtet die Fernseh-Moderatorin Bettina Müller, „in denen man sich für vier Mark die Stunde ein Bett mieten und zwischendurch einfach mal kurz schlafen kann."

Selbst in Deutschland gibt es Bestrebungen, dem zirkianen Rhythmus Rechnung zu tragen, zum Beispiel in Vechta: „Unsere Stadtverwaltung hat gemeinsam mit der AOK den Mittagsschlaf eingeführt", sagt die Verwaltungsangestellte Sabine

Bahlmann. Auch in der Schweiz richten Firmen ihren Mitarbeitern „Nap-Rooms" ein, etwa die IBM Consulting Group: „Es gibt weiche Ledersessel und drei Tatami-Matten, dazwischen Stellwände aus Papier", schildert der Manager Jorge Cendales den Schlafraum. Übrigens soll schon in der Verfassung der Volksrepublik China von 1949 unter §49 das Recht auf Mittagsschlaf ausdrücklich für jeden niedergelegt sein. Jedenfalls ist der Nutzen groß, auch wenn den solchermaßen geregelten Umständen der anarchisch-individuelle Hauch fehlt, den jedes Nickerchen ohne Extraeinrichtungen sonst hat.

Ein guter Freund, der beim Rundfunk arbeitete, hatte sich angewöhnt, jeden Tag unmittelbar vor der Produktion des Abendjournals, das er moderierte, zehn Minuten zu entspannen, alles zu vergessen und sich dem weißen Rauschen anzuvertrauen. Anfangs versuchte er noch, es vor Kollegen und Sekretärinnen zu kaschieren. Aber bald bekannte er sich zu seinem Ritual und machte es sich zuerst auf dem Schreibtischstuhl bequem, stellte die Lehne ganz zurück, legte die Beine auf den Tisch und schloss die Augen. Doch irgendetwas drückte ihn, er konnte nicht ganz loslassen. Nach einigen unbefriedigenden Experimenten mit Tisch und Stuhl, legte er sich auf den Teppichboden. Der war hart, aber für eine Viertelstunde gerade recht. Um nicht von der Sonne geblendet zu werden, schob er seine Tasche unter den Schreibtisch und lagerte seinen Kopf darauf. Die Sekretärin schloss die Tür, und so erfrischte er sich für seinen Mikrophonauftritt.

Eines Tages besuchte der Intendant das Funkhaus. Er gab sich jungdynamisch und stürzte geradezu durch die verschiedenen Redaktionen mit polternder Jovialität, die keineswegs überall gut gefiel. Als er in die Journalzimmer platzte, versuchte die Sekretärin, ihm noch zuvor zu kommen, aber der Mächtige riss die Tür auf, sah einen Mann am Boden liegen und schrie nach Sanitätern.

Sicher bot sich ein ungewöhnlicher Anblick: Der Kopf des Liegenden war unter dem Schreibtisch im ersten Moment nicht sichtbar, dafür streckte sich der Körper lang aus mitten ins Zimmer. Wer keine Ahnung hatte, konnte also zurecht erschrecken. Unser Nicker hörte das Toben, hob den Kopf, schaute unter dem Schreibtisch hervor und begrüßte den verdutzten Intendanten. Der war so konsterniert, ja, fast schon empört, dass er die Erklärung kaum anhörte, davon stob und sich später bei den Abteilungsleitern beschwerte, dass in diesem Ressort öffentlich geschlafen werde. Da er ein Choleriker war, soll er viel von Rügen, Abmahnen und Rausschmeißen gebrüllt haben.

Einer der schönsten Plätze zum Abtauchen ist ein großformatiger dunkelblauer Ohrensessel aus dem Besitz der Großeltern. Er hat solche stattlichen Dimensionen, dass sich die beiden als jungvermähltes Paar ohne Gedrängel nebeneinander darauf setzen konnten. Später liebte der Hauskater diesen mächtigen Fauteuil, den auch alle Gäste wegen seiner einladenden Bequemlichkeit gerne avisierten. Seine Ohren waren weich geschwungen, gerade recht für jede erdenkliche Kopfform, und er strahlte Wärme und Geborgenheit aus. Wenn die Kinder hinaufkletterten, mahnte die Großmutter, nicht mit den Knien in die Sitzfläche zu stoßen, weil das die Sprungfedern falsch belaste. Natürlich liebten Riesen den Sessel, weil sie sich in ihm unbeengt ausbreiten konnten. Er war eine Oase, ein

Stück Exterritorialität, auf dem man schläfrig werden durfte und sich einkuscheln konnte.

So machte es sich einst auch ein Professor von gewaltiger Gestalt und Bedeutung darin gemütlich. Er war mit seiner Gattin zum Sylvester eingeladen worden. Am Neujahrsvormittag wollten die beiden abreisen, aber als er vernahm, dass die Großmutter, die eine begnadete Köchin war, eine Ente im Rohr habe, wollte der leidenschaftliche Esser unbedingt von diesem Vogel kosten. Draußen war es kalt, und besagter Sessel stand direkt neben dem Ofen. Eine Zeitlang scherzte der Gelehrte mit den Gastgebern, dabei drehte er sich auf seinem Platz, so gut er konnte, um von allen Seiten gleiche Wärme zu bekommen: „Ich tue es der Ente gleich, so werde auch ich gar!" Doch nach einer Weile tröpfelte sein Redefluss nur noch, er wurde einsilbig, die Augen flackerten, das Haupt kippelte bedenklich. Und dann sank der Gelehrtenkopf in die Biegung des Sesselohrs, schlief augenblicklich ein, wobei er auch noch zu schnarchen anfing.

Das hörte allerdings sofort auf, als die gebratene Ente hereingetragen wurde. Geschirr- und

Besteckklappern, Schwatzen und Hin-und-herrennen der anderen – nichts hatte das Nickerchen des Herrn Professors erschüttern können. Kaum aber drang der Duft des gebratenen Vogels in seine Nase, riss er die Augen auf, sprang federleicht aus dem Sessel und erzählte, er habe während des Schlummers die Ente direkt vor sich gesehen, nur gerochen habe sie nicht. Daran habe er gemerkt, dass sie bloß ein Traum sei. Mit dem Geruch aber habe die Wirklichkeit über die Vision gesiegt.

Heute steht der Sessel so, dass jeder, der Platz nimmt, hinaus in den Garten sehen kann. Kaum einer, der dort sitzend nicht hinübergleitet ins Dösen und Büseln, wie die Österreicher sagen, ob er nun lesen will oder sein Auge an den Blumen und Büschen ergötzt. Es ist, als ob der Sessel magnetisch jene Kräfte anzieht, die sich nicht mit der kalten Wirklichkeit abgeben, sondern sie fliehen, verwandeln, überhöhen, vergolden oder gar vergessen wollen. Und wer in ihm erwacht, für den werden Wünsche wahr – manchmal.

STEHEN, SITZEN, LIEGEN III

Was aber, wenn es nichts zu liegen oder sitzen gibt, nichts Weiches, Angenehmes, Bequemes den Körper umfängt, den Rücken stützt, dem Haupt als Lehne dient? Wenn es nicht um faulen Luxus und träges Genießen geht, wenn auch nicht gepflegtes Phlegma und gravitätische Langsamkeit Auslöser sind für Schlafen und Nicken, Dösen und Nichtstun? Wir wollen hier nicht von den Soldaten reden, die gezwungenermaßen und alternativlos in Unterständen, beim Wacheschieben oder sogar im Feld stehend, schlafen oder sich ausruhen mussten und müssen. Höchstens von jenem Bekannten, der eine Wehrübung im Oberbayerischen absolvierte, bei der es absichtlich wenig zu essen gab und Schlaf vermieden werden sollte. Die Übung endete mit einem Marsch in voller Montur mit viel Gepäck. Sie stapften hintereinander her, immerzu, immerzu. Unser Bekannter orientierte sich an den Hacken seines Vordermannes und verfiel in einen richtigen Trott. Er kannte die Gegend gut und musste keine Unebenheiten fürchten. Irgendwann, so erzählt er, habe er gemerkt, dass ihm quasi ein Kilometer fehlte, weil er während des Laufens einen Fadenriss gehabt hatte: Bravo, sensationell!

Im übrigen gibt es sehr namhafte Sekunden- und mehrschläfer unter Soldaten bis in die höchsten Ränge hinauf. Napoleon, der nachts nur vier Stunden ruhte, ließ tagsüber keinen Moment aus, sich durch einen Kurzschlummer zu erfrischen. Auch heftigster Artillerielärm konnte seiner Nickfähigkeit nichts anhaben. In späteren Jahren musste er allerdings wegen fürchterlicher Koliken, die ihn bis zur Erschöpfung plagten, Zwangspausen einlegen, um wieder zu Kräften zu kommen. 1806 ließ er sich mitten in der Schlacht von Jena nieder, und die Soldaten mussten sich im Karree um ihren schlummernden Feldherrn aufstellen. Auch während der Völkerschlacht bei Leipzig litt er unter grausigen Magenschmerzen. Als die nachließen, musste er vor Ermattung schlafen. Von Generalfeldmarschall von Hindenburg, der als Sieger von Tannenberg gefeiert wurde, hat General Max Hoffmann bei einer Besichtigung des ehemaligen

Hauptquartiers erzählt: „Hier hat Hindenburg vor der Schlacht von Tannenberg, nach der Schlacht von Tannenberg und, unter uns gesagt, auch während der Schlacht von Tannenberg geschlafen." Hoffmann musste es wissen, denn er war der eigentliche Sieger von Tannenberg.

Zurück ins Zivilleben: Hier zeigt sich, ob die Müden, die Lustschläfer und auch die Erschöpften den Mut haben, die Außenkontrolle aufzugeben, ihrem Körper zu vertrauen und ein Pfüsi zu machen, wie der Schweizer sagt, ganz gleich in welcher Situation.

Wer im Stehen schlafen will, muss sich allerdings zuerst einen sicheren Stand suchen, am besten eine Nische, in die er sich lehnen kann. Oder er kann den Rücken irgendwie abstützen. Man kann das lernen, etwa, wenn man in der U-Bahn fährt. Schon das Rollen schläfert ein, das Vibrieren, die Wärme der anderen Menschen, und die Geräusche auch. Die Haltestange etwa lässt sich wunderbar mit einem Arm so umfangen, dass dessen Hand in die Hosen- oder Manteltasche gesteckt werden kann. Häufig kann man auch den Kopf noch anlegen. Jetzt das Ruckeln und Rauschen auf- und übernehmen, schon dämmert der Blick, die Augen fallen zu … Mancher ist so schon bis zu Endstationen gefahren, zu denen er nie wollte.

Leichter ist es natürlich, sich gegen die Halbwände der Sitzabteile zu lehnen, noch einfacher, wenn gleich neben der Tür die Ecke zur Verfügung steht, in die man sich schmiegen kann. Zur Tiefenentspannung, bei der der Leib haltlos zusammensackt, kommt es nicht, weil Anhalten, Türenöffnen, Einsteigen und Abfahren für Unterbrechung sorgen. Die kann man dann etwa so nehmen wie ein Umdrehen im Bett oder ein Sich-jeweils-bequemer-Hinstellen, so dass der Stehnicker sein Schläfchen im Rhythmus der Haltestellen absolviert.

Auch in festen Räumen lässt sich aus dem Stand die eine oder andere Minute Auszeit gewinnen. Ein Moderator im Funk liebte es, sich während der Produktion im Studio bei jeder Mikrophonpause mit verschränkten Armen an die gepolsterten schalldichten Studiowände zu lehnen und einige Sekunden auszusetzen. Auf dem Tisch unter dem Mikrophon war es ihm nicht recht geheuer, er fürchtete, den nächsten Einsatz zu verpassen. Dann würde die Stimme womöglich unpräsent, überrascht und nicht präzise klingen. Aber durch den kleinen Weg von der Wand zum Stuhl holte er sich jedes Mal die Konzentration zurück.

In Zügen lassen sich vor allem freitags Nicktechniken und -stellungen aller Art gut beobachten, wenn Wehrpflichtige und Angestellte ins Wochenende nach Hause reisen. In Abteil- und Großraumwagen, in den Gängen und den Übergängen zwischen den Waggons sitzen, stehen, liegen sie auf Seesäcken, Taschen und Koffern. Eine Zeit lang fuhr ich ziemlich oft von Berlin nach, wie die Berliner sagen, Westdeutschland. Meist war die Bahn schon dichtest besetzt, und es blieb nichts anderes übrig, als zu stehen. Für den Amateur eine ziemliche Tortur: Erst versuchte ich es mit dem Standbein auf der linken Seite, bis ich glaubte, meine Hüftpfanne würde nachgeben. Dann probierte ich es auf der rechten Seite, bis das Fußgewölbe einzusinken schien. Manchmal hatte ich Glück und konnte durch das Gangfenster hinausblicken, während ich mich an einer Stange festhielt. Meist aber stand ich, die Beine zwischen Gepäck eingekeilt, mit dem Rücken zur Gangwand. Bierdunst und Zigarettenrauch schwängerten die eh schon stickige Luft, dazu gröhlende Unterhaltungen derer, die bereits einen gewissen Alkoholpegel erreicht hatten.

Eines Freitags stand mir ein vierschrötiger Mann mit Bierbauch und sehr schütterem, in altdeutscher Manier straff nach hinten gekämmtem Haar gegenüber. Sein gerötetes fleischiges Gesicht mit dicker Nase, auf der eine schwere Hornbrille vor kleinen, lustig blinzelnden Augen saß, strahlte vor Freundlichkeit. Unsere Blicke begegneten sich immer wieder. Er muss mir wohl mein Schwächeln und Missbehagen angesehen haben. „Müde, wat? Schlafen wär jut, wat? Dette könn' Se ooch im Stehen!" Er lachte und zog an seiner Zigarette, als ich den Kopf skeptisch schüttelte. „Mann, dette muss'te übn. Dette jeht so: Rücken anlehnen, Kopp jerade halten, Augen ssumachen, an nüscht denken, außer an'ne schöne Frau, die Dir streichelt! Oder ans Rauschen vom Meer." Er machte es mir vor, und ich konnte sehen, wie seine Gesichtszüge sich tatsächlich entspannten. Sein Körper schaukelte locker mit, wenn die Bahn über Weichen oder Kreuzungen fuhr. Auch beim Vorbeidrängeln von Passagieren blieb er elastisch und flexibel und machte sich nicht widerständig steif.

„Probier mal, ick pass uff!" Ich baute mich also auf beiden Beinen möglichst gleichgewichtig auf, suchte den Kopf zu stabilisieren und schloss die Augen. Allerdings dachte ich nur daran, nicht umzufallen. Anfangs reagierte ich grundsätzlich zu spät bei den Rucklern, sodass ich sofort gefährlich wackelte und die Augen öffnen musste, um mich wieder zu orientieren und ins Lot zu bringen. „Ick hieße übrijens Jünther, probier noch mal!" Wir schüttelten uns die Hände, dann übte ich weiter. Allmählich begann ich, die Bewegung des Zuges in meinem Körper so zu spüren, dass ich nicht mehr dagegen hielt, sondern mitging. Ich erinnerte mich an den Lieblingsspruch meines alten Skifreundes und -lehrers Hanns: „Skisport ist Kniesport! Schwungbereit fahren!" Also wurde ich weicher in den Knien, und die Kopfhaltung entkrampfte sich.

Günther stammte aus Berlin-Reinickendorf, war Schlosser von Beruf und reiste alle Wochenenden ins Niedersächsische, wo er auf seine späten Tage noch eine Frau kennen gelernt hatte, nach seiner Aussage, „ne Wuchtbrumme, Mann! Da muss ick frisch sein, wenn ick ankomme, ausjeschlafen!" Er lachte verschmitzt. Seit dieser Fahrt trafen wir uns regelmäßig im Zug, hielten gegenseitig Plätze frei, wenn das Glück uns gewogen war. So entstand eine Eisenbahnfreundschaft aus dem versuchten Nickerchen. Und Günther hatte Erfolg mit seinem Unterricht: Nach ein paar Wochen konnte ich im Stehen einigermaßen schlummern.

Oder man ist als Rucksacktourist in Indien, sagen wir, von Akkra nach Benares unterwegs in der 3. Klasse, wo nicht nur alle Plätze belegt sind, sondern sich auch in den Gepäcknetzen Passagiere drängeln oder oben auf dem Waggondach sitzen, wenn sie es denn können. Sonst gibt es nur irgendwelche Standgelegenheiten. Etwa die vor der Damentoilette. Unser Tourist hatte keine andere Wahl, als auf seinem Rucksack zu stehen und sich mit den Händen an der Toilettentür abzustützen.

Manchmal konnte er auch den Kopf dagegen lehnen und so ein paar Erfrischungsminuten nehmen, wobei er allerdings stets auf der Hut sein musste, nicht im Schlaf plötzlich in die Toilette zu stürzen, wenn die Tür geöffnet wurde …

Hier sollten wir eine Pause einlegen …, das heißt, eine Übung schnell noch: Wenn man spät abends im Lokal mit Kollegen noch einen Mitternachtswein trinkt, die Freunde munter von den Abenteuern des Tages erzählen, und es richtig gemütlich wird, kann es natürlich geschehen, dass die Lider schwer werden. Die wohlige Wärme und das Rauschen des Gesprächsflusses bewirken ein übriges. Bei einigermaßen passablen architektonischen Verhältnissen kann man sich dann, ohne Verdacht zu erregen, ein Stockwerk höher oder tiefer in die Toilette zurückziehen. Allerdings rate ich vom Nicken in der Zelle ab, die Gefahr im Sitzen fest einzuschlafen, ist groß, auch an solchem Ort. Vielmehr bietet sich im Vorraum beim Waschtisch die Gelegenheit zur Kurzpause im Stehen. Eine Ecke, ein kleiner Wandvorsprung oder eine geringe Vertiefung findet sich immer und gewährt jenen gesuchten Winkel, in den man Stirn und Schulter stützen kann. Die Augen fallen von selbst zu, und weg ...

Wenn jemand hereinkommt, wendet man sich mit einem Schritt dem Waschbecken zu, kühlt die Augen mit Wasser und steigt erholt wieder ins Gespräch ein.

PFLEGEFALL

Streng genommen sieht ein Nicker auf einem Stuhl bei Tisch nicht gerade vorteilhaft aus. Der schwer gewordene Kopf, die erschlaffte Haltung des ganzen Körpers, womöglich Schnaufgeräusche und das Gesicht zusammengefaltet – das erregt eher Mitleid oder, je nach persönlicher Beziehung, auch peinliche Reaktionen. Also heißt es, Distanz zu wahren oder gar so zu tun, als gehöre man nicht dazu. Die Kommentare schwirren derweil hin und her: Der oder die Betreffende wird eben alt oder hatte in letzter Zeit zu viel Stress, Ärger, Kummer. Außerdem sah sie doch schon vorhin sehr blass aus. Das Nickerchen kann den isolieren, der sich nicht selbstbewusst, ohne Reue und Scham hineinbegibt. Stattdessen fährt der, der sich erwischt fühlt, hoch mit Sätzen wie: „Ich ruhe nur mal meine Augen aus!" Oder er bestreitet seine sogenannte Schwäche heftig: „Was redet ihr da, ich nicke überhaupt nicht!"

Mütter und Väter behaupten sowas gern gegenüber den Kindern, wenn die kichernd die Eltern auffordern, doch ins Bett zu gehen, wenn sie müde seien. Eine Tante war im Alter eine begnadete Nickerin. Kein Fernsehkrimi, bei dem sie nicht nach kurzer Zeit anfing, den Kopf sinken zu lassen, ab und zu kurz aufzufahren, um wieder abzurutschen. Sie hatte sich, einen Trick angewöhnt, der viele, die sie nicht genau kannten, elegant täuschte. Wenn sie hochzuckte, schaute sie blinzelnd auf den Fernseher und lachte auf, als wisse sie alles. Ein Lachen, das häufig geradezu surrealistisch, sarkastisch oder sogar herzlos-zynisch wirkte, wenn die Bilder tragische, bittere, melancholische oder sentimentale Geschichten erzählten. Sie saß auf einem Thonetsessel relativ nahe vor dem TV-Gerät wegen verminderter Sehfähigkeit. Wenn sie eingenickt war, rutschte und fiel erst das Brillenfutteral zu Boden. Dann sackte sie selbst langsam zur Seite, der Mund öffnete sich und das Schnarchen begann. Wenn sie mitsamt dem Stuhl zu kippen drohte, wurde sie von den anderen angerufen. Sie fuhr hoch und schnauzte noch mit geschlossenen Lidern: „Was ist denn los! Lasst mich in Frieden, ich schlafe gar nicht!"

Der amerikanische Hochschullehrer Joseph Epstein, auch er ein begeisterter Penn-Bruder wie sein Kollege William Anthony, erzählt dagegen von der Souveränität seines Freundes Walter B., „der, als er schon auf die Siebzig zuging, einzunicken pflegte, während er zehn oder zwölf Freunde zu Gast hatte. Irgendwann im Laufe des Abends schaute man auf den Gastgeber, und da saß unser Walter: das Kinn auf die Brust gesunken, die Augen zugeklappt; am liebsten hätte man ihm ein Schild vor den Bauch gehängt: ‚Bin beim Angeln‘. Eine halbe Stunde später konnte er sich wieder in das Gespräch einfädeln, als hätte er nicht eine einzige Pointe verpasst. Dieses Kunststück habe ich vier-, fünfmal beobachtet, und jedes Mal habe ich ihn dabei enorm bewundert." Epsteins eigener größter unerfüllter Wunsch ist es, einzunicken, während er selber spricht.

Ähnlich staunenswert ist jener Großvater, der seinen Enkeln Nachhilfe in Latein gegeben hat. Wie sie berichten, überkam ihn beispielsweise mitten in der Auflösung einer komplizierten A.c.I.–, also einer Akkusativ-mit-Infintiv-Konstruktion ein Nickanfall. Dem ruhigen, sich seines Witzes wohlbewussten, älteren Herrn sank das Kinn ins Doppelkinn und dann weiter auf die Brust. Eiserne Regel, sagen die Enkel heute, die sie einhalten mussten, war es, ihn ja nicht zu stören, weil er sonst nicht wieder in den Unterricht hineingefunden hätte. Während er also im AcI eingenickt verharrte, trieben sie derweil etwas anderes, bis der Großvater den Kopf plötzlich hob, sich einmal räusperte und fortfuhr: „… und jetzt müssen wir noch den Infintiv suchen!"

Selbstverständlich fühlt sich mancher Nicker zuerst pikiert, wenn andere mitten in sein Schläfchen hinein fragen: „Na, Du musst wohl ins Bett?" Oder: „Letzte Nacht wohl zu lange gefeiert?" Der Erwischte ruckt hoch und schnauft abwehrend: „Wieso, ich bin doch ganz frisch! Hab nur mal die Augen entspannt!" Die anderen lächeln milde, so als sei man urplötzlich ins Greisenalter getreten, in dem solche Dinge halt geschehen. Ein Gefühl von Vormundschaft verbreiten sie, der Nicker wird gewissermaßen zum Mündel. Und wenn er sich endlich aufrafft und verkündet, nun ginge er ins Bett, oder sich entschuldigt, er sei heute sehr müde – anstrengender Tag, viel um die Ohren, Hetze, – dann schaut die Gesellschaft so, als nähme sie einen nicht ganz für voll, als habe man eine angegriffene oder schwächliche Konstitution, die es zu schonen gelte. Ein netter Kerl, der nicht viel aushält. Oder sie treiben vergnügten Schabernack, wenn der Nicker sich nicht einschüchtern lässt, sondern mit dem Satz, „tut mir leid, aber ich nehme eine kleine Auszeit", sich gelassen seinem Nickerchen hingibt.

Ich gehöre eher zum Edison-Modell: nicht viel Nachtschlaf, aber reichlich Nickerchen. An einem schönen Sommerabend saß ich mit Freunden bei unserem Lieblingsitaliener Vincenzo auf der Straße. Die Gespräche flossen gemächlich hin und her, während wir die linden Lüfte genossen. Irgendwann überkam mich jenes wohlig-vertraute Gefühl des Dösens, von Spaniens Küsten wurde erzählt und schönen Frauen, die Herrlichkeiten Neapels, Ischias und Capris breitete der Wirt aus, Witze garnierten die Runde. Irgendwann rutschte ich hinüber, hörte das Rauschen des Meeres in der Blauen Grotte, vermeinte im Sprachgewirr auf

Neapels Straßen zu sein, fühlte mich von freundschaftlicher Wärme und südlichem Zauber umgeben ... und wachte wieder auf, gestärkt, neugierig auf eine neue Welt. Doch mein Schreck war groß! Ich saß zwar auf der nächtlichen Straße wie vordem, aber allein. Die Tische und Stühle waren fortgeräumt, die Freunde verschwunden, das Lokal dunkel und verschlossen. Ich fuhr auf. Sollte ich so tief in Schlaf gefallen sein über die Sperrstunde hinaus? Dass die Freunde mich nicht geweckt hatten, mich einfach hier eingenickt sitzen ließen! Ich schüttelte den Kopf, ich verstand nichts, war vollkommen desorientiert. War ich noch in meiner Stadt, hatte ich Stunden geschlafen, war etwas Furchtbares geschehen, eine Entvölkerung, Flucht, an der nur ich nicht teilgenommen hatte? Ich, der ich nun allein einer Katastrophe oder der Apokalypse ausgeliefert war! Ich schaute mich verstört um, die Straße lag friedlich und ruhig, aber menschenleer da, ich drehte mich um – dasselbe Bild. Na gut, dann geh ich eben heim, murmelte ich, stand auf, reckte und streckte mich, dabei momentlang noch einmal die Augen schließend.

Als ich sie wieder öffnete, standen die Freunde vor mir, und es liefen ihnen die Lachtränen über die Backen. Die Sauhunde hatten alles weggeräumt während meiner piccola pausa, um sich dann an meiner Verwirrung beim Erwachen zu weiden! Unverschämt! Aber eigentlich sind sie nur neidisch, dachte ich, weil sie die Kunst des Nickerchens nicht beherrschen, diese Fähigkeit, die Kontrolle aufzugeben, nichts mehr verstehen zu wollen, weder Geräusche, noch Gespräche, weder Musikstücke noch Gerüche, weder Lärm noch Stille. Für den, der einnickt, wird all das ein einziges großes Rauschen, jenes An- und Abrollen der Brandung, jener große Rhythmus, bei dem auch hartnäckige Nervöslinge ruhiger werden und die Augen bereitwillig schließen – – –

Sorry, ich nehme eine kleine Auszeit.

E. T.

Einnicken kann selbstverständlich Lebensgefahr heraufbeschwören, wenn die Vorzeichen und Warnungen des Körpers weggedrückt und ignoriert werden. Es muss nicht gleich ein Atomkraftwerk in die Luft gehen oder ein Tanker auf Grund laufen. Mancher Sekundenschlaf bei müden Auto- und Fernfahrern ging schon verheerend oft für Schuldige und Unschuldige in den ewigen Schlaf über. Wahrscheinlich hat jeder Führerscheininhaber Einschlägiges erlebt. Er wird danach hoffentlich nie mehr die Signale seines Körpers missachten.

Ein Beispiel: Während meiner Studienzeit fuhr ich sehr häufig von Berlin nach München und zurück, meistens nachts. Damals existierte die DDR noch, und auf der Leipziger Autobahn war kaum etwas los. So tuckerte ich mit meinem Käfer dahin, den Blick auf die Fahrbahn gerichtet im eintönigen Rhythmus der Betonplattennähte. Trotz zunehmender Müdigkeit, die ich mit Hilfe der durchs offene Fenster einströmenden kalten Nachtluft zu bekämpfen suchte, wollte ich keine Zeit verlieren.

Setz dich gerade hin, konzentrier dich! Laut sang und sprach ich, unterhielt mich mit dem Erfinden von Zukunftsplänen, spielte Szenen durch mit Professoren und fuhr und fuhr ins endlose Dunkel, das nur vom Lichtkegel meiner Scheinwerfer durchbrochen wurde.

Hoppla, jetzt war das eine Auge einen Moment lang zugefallen. Schüttel den Kopf, zieh dich ans Lenkrad heran und lass wieder los, mach das Fenster weiter auf. Mich fror und ich spürte zugleich den Adrenalinstoß, den die kleine Unaufmerksamkeit hervorgerufen hatte. Das wiederholte sich. Mir schien, ich sei der einzige Mensch auf der Welt, der um halb drei Uhr nachts dahinfuhr. Ich stellte mir vor, wie Außerirdische auf dem sonst lichtlosen Planeten Erde einzig dieses dahinkriechende Licht entdeckten und ihm nachflögen, es einholten und schließlich auf der Autobahn irgendwo hinter dem Schkeuditzer Kreuz landeten, um sich diesen einsamen Licht-Erdling anzusehen …

Ich erwachte aus dieser Vision durch ein merkwürdiges Geräusch. Etwas patschte und schlug auf die Windschutzscheibe, immerzu, mal stärker, mal schwächer. Jetzt erst merkte ich, dass der Wagen nur mehr im Schritttempo dahinrollte, weil der Fuß vom Gaspedal nach links auf die Bremse gerutscht war. Und mit jähem Schock sah ich, dass es Zweige und Äste waren, die auf das Auto klopften. Mein Käfer zockelte unmittelbar am äußersten linken Rand der Fahrbahn dahin in Reichweite der Sträucher und Bäume des Mittelstreifens. Hitzewelle, Kältewelle, Angstschweiß, Schreck – ich riss das Steuer nach rechts, hielt und wollte aufschreien, aber es ging nicht. Vor mir standen im Lichtkegel die Außerirdischen mit großen Ohren, erstaunten Riesenaugen und bewegten mechanisch kauend ihre Kinnladen hin und her. Sie hatten schlanke lange Hälse, ein Fell über dem Körper und standen auf vier eleganten Beinen mit Hufen. Sie sahen eindeutig aus wie Hirsche, genauer wie hübsche Hirschkühe.

Ich bin dann langsam wieder losgefahren mit dem sicheren Gefühl, dass ein guter Geist dieses eine Mal seine Hand über mich gehalten hat. Die hirschähnlichen Außerirdischen gaben den Weg gemächlich frei. Seit diesem Erlebnis achte ich bei längeren Fahrten sehr auf Anzeichen von Ermüdung und halte sofort Ausschau nach dem nächsten Parkplatz, wenn der Blick erstarrt und ich nicht mehr weiß, wie ich sitzen soll. Kaum ist der Stop erreicht, wird die Lehne zurückgeschraubt, das Auto verriegelt und mit dem Nickerchen begonnen.

Seltsamerweise setzt der Wunsch nach einem Kurzschlaf bald nach dem Start zu einer großen Fahrt ein. So als ob die erste Konzentration schon verbraucht sei mit der Umsetzung des Entschlusses loszufahren. Bereits nach dreißig, vierzig Kilometern anhalten für ein Nickerchen? Das geht zu weit, da muss man sich fast schämen. Also wird gegen die aufkommende Müdigkeit angekämpft, werden kleine Fehler in Kauf genommen, verspätete Reaktionen. Manchmal lässt sich solche Attacke überwinden, aber gut ist es nicht. Meistens jedenfalls wehrt sich der Körper mit zunehmender Zerstreuung und Unruhe gegen diese Vergewaltigung. Folgt der Fahrer aber diesen Zeichen und schlägt sich seitwärts in die Parkplatzbüsche, kann er die Wunderwirkung eines Nickerchens zu rechter Zeit erleben. Wenn er erwacht, wird er staunen, wie anders und frisch sich die Welt nun ansieht, -fühlt, -hört, -riecht und -schmeckt.

Wer als Beifahrer abtauchen kann, der zeigt damit sein Vertrauen in die Fahrkünste des Autolenkers. Allerdings sollte er niemals den Kopf nach vorne sinken lassen, eine größere Bodenwelle, ein Eisenbahngleis, und das Genick könnte bei solcher Erschütterung ... Lassen wir das.

FLUCHTEN, KLEINE, UND GROSSE

Es ist das Gefühl des Neuen Anfangs beim Erwachen, nach dem man sich immer wieder sehnt, wenn man es einmal erfahren hat. Es kann aber auch die vollkommene Desorientierung die Folge sein. Dann gleicht nichts mehr jener Lage vor dem Einnicken. Beim Nachtschlaf erwartet jeder, dass es morgens hell wird und bei Tageslicht aufgestanden wird. Und je nachdem, wie er geschlafen hat, wird der Schläfer sich gut oder zerschlagen fühlen. Selbstverständlich kann auch binnen einer Nacht die Welt auf den Kopf gestellt und für den Erwachenden kaum wiedererkennbar sein. Aber ein neuer Tag beginnt in jedem Falle. Beim plötzlichen Kurzschlaf aber, der einem auflauert und einen überfällt, weiß keiner, wie das Erwachen sein wird. Deshalb gibt es eine Nähe zur Ohnmacht, aus der man ebenso verwirrt – oder manchmal wie neugeboren – auftauchen kann, wie man ahnungslos in sie gesunken ist. Auch erzwungene Bewusstlosigkeiten durch Schlafmittel und Ähnliches können unvorhersehbare Aufwachüberraschungen bieten.

Häufig ist es gerade Furcht vor Schwierigkeiten, oder Hilflosigkeitsgefühle, die einen ins Bettversteck treiben. Man ist gleichsam nicht da und hofft, dass die Gefahr vorbeizieht. Auch Krankheiten versucht man schlafend zu entgehen oder sie sozusagen zu unterlaufen. Beim Aufwachen soll alles wieder fort sein, Gespenster, Grippe, Grauen und alle Gründe für Angst. Es ist ein bisschen wie bei Kindern, die Versteck spielen, indem sie die Augen zumachen und glauben, nun könne sie niemand sehen. Und beim Anblick von Grässlichem oder Unangenehmem schließen auch Erwachsene gern die Augen oder schauen weg. Dieser Abwesenheitsgestus steckt in gewisser Weise auch im Fluchtnickerchen.

So versuchte ein Freund, der für ein Jahr ein Stipendium nach Amerika bekommen hatte, – also eigentlich ein guter Grund, stolz zu sein – die Abfahrt seines Zuges zu verschlafen, in der Hoffnung, nicht von zu Hause fort zu müssen, gleichsam durch Schlaf dem drohenden Heimweh und der

Einsamkeit in der Fremde zu entgehen. Es half ihm nichts, die Mutter weckte ihn erbarmungslos, und so musste er die große Fahrt antreten. Übrigens zu seinem Besten, er wurde ein erfolgreicher Musiker durch die amerikanische Ausbildung.

Ein anderer Freund legte sich trickreich eine Nickerchenfalle, als er morgens um sieben Uhr aufstand, um an der Prüfung für Thermodynamik teilzunehmen. Den ersten Termin für diesen wichtigen Test hatte er verstreichen lassen. Jetzt war er bereit und schaute noch einmal auf die Unterlagen. Oh, nicht um acht, erst um neun Uhr sollte es losgehen. Er hatte sich um eine Stunde vertan. Also ließ er sich in einem Sessel nieder, um sich noch ein wenig zu präparieren. – Als er erwachte, war es knapp vor Neun. Er jagte auf dem Motorrad zur Uni, stürzte in den Prüfungsraum: „Hier ist doch der Thermodynamik-Test!" Jawohl, für Elektroingenieure, der für die Maschinenbauer sei ein Stockwerk tiefer und habe um acht Uhr begonnen. Unser Freund lief hinunter und wurde dort mit der Frage empfangen: „Wollen's noch teilnehmen?" Als er dann aber feststellte, dass er in der

Eile die einzig erlaubte Unterlage vergessen hatte, gab er auf, obwohl ihm der Dozent seine eigene geben wollte. Er hat übrigens später die dritte und letzte Prüfungschance genutzt und es dann noch bis zum Professor gebracht.

Man kann sich aber auch ins Nickerchen zurückziehen, um die nötigen Offensivkräfte zu sammeln. Solches Verhalten schildert der Publizist Robert Leicht, der ein leidenschaftlicher Nap-Liebhaber zu sein scheint. Er schlummert nicht, um einem Problem auszuweichen, sondern um es nach dem Schläfchen zu lösen: „Man muss das Nickerchen als Anlauf zu neuen Taten verstehen – und einsetzen. Wann immer mir eine Hürde, ein Stress, eine komplizierte Sache bevorsteht: Flugs erst einmal ein paar Minuten aufs Ohr gehauen, und schon geht's – wupp! – federleicht über das Hindernis hinweg. Neben dem vorauseilenden Nickerchen kenne ich noch ein nacheilendes: Wenn mich etwas maßlos erzürnt, überfällt mich sofort ein intensives Schlafbedürfnis."

Der gewaltigste Protagonist solchen Kräftesammelns im Dösen und Schlummern ist der russische

Volkssagenheld Ilja Muromez, der die ersten dreißig Jahre seines Lebens auf der Ofenbank liegt. Zwar ist er an Händen und Füßen gelähmt, aber als die russische Erde von Feinden bedroht wird, lösen drei Pilger den Bann, geben ihm einen Krafttrunk, und schon vollbringt Ilja nur noch Heldentaten. Es war also nichts anderes als ein langes Warten für jenen Augenblick, in dem Russland den Retter aus der Not brauchte. Den aus dem Schlaf erweckten Unbesiegbaren heben am Ende seines dreihundertfünfzig Jahre während irdischen Daseins Engel vom Ross und tragen ihn ins Höhlenkloster von Kiew, wo er sich für immer verabschiedet.

Auch Rennfahrer Michael Schumacher versteht das Nickerchen als letzte Kraft- und Konzentrationstankstelle vor dem Rennen: „Zum Beispiel eine Stunde vor dem letzten Zeittraining an einem Rennwochenende. Um mich herum Hektik, Nervosität – ich gehe schlafen. Eine halbe Stunde. Auch vor einem Rennen mache ich das oft. Einfach hinlegen, Ohrenstöpsel rein, dann bin ich schnell weg. Allenfalls fünf Minuten zum Einschlummern, dann zehn Minuten Tiefschlaf. Dann werde ich langsam wieder wach. Es kommt aber auch vor, dass ich im Tiefschlaf geweckt werden muss. Ich laufe dann von meinem Bus zum Auto. wenn ich an meiner Box ankomme, bin ich wach." So einfach ist das mit der Weltmeisterschaft.

Legendär aber sind jene Fluchten in den Schlaf, bei denen sich während der Auszeit gleich die Epoche verändert wie in der großartigen Geschichte von „Rip van Winkle", wie sie Washington Irving aufgeschrieben hat. Die Erzählung erschien 1819: Rip van Winkle lebt Jahre vor dem Unabhängigkeitskrieg in einem Dorf, einer ehemals holländischen Gründung. Rip zecht gerne und liebt es, Geschichten zu erzählen. Seine Frau allerdings führt sich deshalb als veritabler Hausdrachen auf und schüchtert Rip so ein, dass er vor ihr in den Wald flieht. Hund und Gewehr nimmt er mit. Sie geraten immer tiefer in Wald und Berge. Plötzlich wird er aus einer Schlucht von einem altmodisch angezogenen Alten um Hilfe beim Transport von Fässern angerufen. Der gutmütige Rip packt sich ein Faß auf den Buckel und schleppt es zu einer Gruppe von ebenfalls altertümlich gekleideten

Männern, die beim Kegeln sind. Rip spielt auch den Mundschenk für die anderen und lässt sich selbst dabei nicht zu kurz kommen. So geschieht es wie es geschehen muss, er rutscht in Schlaf. Als er erwacht, liegt neben ihm ein verrostetes Gewehr, er ruft nach dem Hund – ohne Erfolg. Also steigt er mit steifen Gelenken hinunter in sein Dorf. Das ist ganz verändert und niemand seiner Mitbürger erkennt ihn. Er fragt, lässt sich erklären und muss erfahren, dass Amerika inzwischen ein freier eigener Staat geworden ist. Seine Frau hat das Zeitliche gesegnet, seine Tochter ist verheiratet. Er hat ein Zwanzig-Jahre-Nickerchen hingelegt! Nun lebt er vergnügt bei der Tochter bis zu seinem Ende. Ein alter Dörfler erzählt ihm, dass Hendrick Hudson, der Entdecker des gleichnamigen Flusses alle zwanzig Jahre als Schutzgeist des Landes in den Bergen erscheint, um mit der Besatzung seines Schiffes zu kegeln.

Noch gewaltigere Dimensionen nimmt das Nickerchen einer schönen, sehr neugierigen Prinzessin ein, die das Verbot, die Spindel eines Spinnrades anzufassen, um sich nicht zu stechen, missachtet. Eine böse Zauberin hat nämlich diese Spitze vergiftet. Kaum hat sich das vorschnelle Mädchen verletzt, fällt es in Schlaf und mit ihr das ganze Schloss, und zwar so abrupt, dass der Koch in der Küche mitten in der Ohrfeige für den Küchenjungen innehält, um zu schlafen. Hundert Jahre schlummert Dornröschen, das Schloss wird von Rosen überwuchert, bis auf den Stichtag genau ein Prinz die Hecke erreicht, die sich vor ihm auftut. Er findet die Schlafende, ein Kuss, und schon erwachen alle an der Stelle und in der Aktion, in der sie einst einschliefen.

Rip van Winkle flieht mit dem Nickerchen genauso ins Glück wie Dornröschen. Während er aber zwanzig Jahre älter wird, Tribut an den amerikanischen Realismus, hat sich Dornröschen wahrlich märchenhaft ausgeruht und in jugendlicher Schönheit erfrischt für das nun folgende Leben, von dem wir bekanntlich wissen: „und wenn sie nicht gestorben sind, dann leben sie noch heute."

IMMER, WENN ES DUNKEL WIRD I

Wenn sich der Tag neigt, wenn es dämmert, oder sich der Bleideckel des novemberlichen Himmels nicht heben will und Zwielicht herrscht, dann verstärkt sich der Drang zum Sinnieren, Grübeln, Dösen und Tagträumen. Da liegen wir vielleicht auf dem vielbesungenen Kanapee, lassen den Blick aus dem Fenster schweifen, dorthin, wo sich entweder der Abend naht oder nur Grau in Grau zu sehen ist. Und in diesem Halblicht, diesem Ungefähren, tauchen sie auf: Gebilde ungehemmter Phantasie, Feen, Elfen, auch Ungeheuer, die ein luftiges Eigenleben entfalten; ganze Landschaften erscheinen, Städte, Türme, Schlösser; wir selbst können fliegen, ganz nah oder ferner als fern sein, können ohne Schaden fallen und uns selber auffangen, können im Lichte unwirklichen Ruhms wandeln und ungefährdet in die finstersten Kerker und Höhlen steigen.

Es sind private Visionen, traumfarbene Belebungen der Grauwerte von Alltag und Düsternis.

Ist es von solchen Kanapeeprospektionen aus nicht nur ein Katzensprung in jene Dunkelkammern, in denen ein Lichtstrahl die herrlichsten Frauen, tapfersten Männer, größten Riesen und kleinsten Zwerge auf einer ausgespannten Leinwand tanzen, sich lieben und hassen, kämpfen und siegen lässt?

Das Kino ist also nicht nur eine Filmabspielstätte, sondern auch ein Raum großer Erwartungen, phantastischer Imaginationen – und es kann eine Höhle der Geborgenheit sein. Für Kinder steigert sich die Vorfreude und die Spannung auf das magische Dunkelwerden bis zum Zerreißen. Sie lassen sich kaum oder gar nicht auf dem Platz halten. Das Wanderkino meiner frühen Kindertage wurde im Tanzsaal des Wirtshauses aufgebaut. Es gab keine fest montierten Sitze, sondern nur in Reihen aufgestellte Stühle. Die Kinder sprangen in ihrer Erregung herum und spielten sich mit imaginären Schüssen aus dem mit der Hand gebildeten Revolver in Wildwest-Stimmung. Wenn das Licht anfing zu verlöschen, schrien sie begeistert auf und eilten zu ihren Plätzen. An den dramatischen Höhepunkten riss es viele wieder von den Sitzen, weil sie dem Helden helfen wollten. Am Ende torkelten sie mit fiebrig erhitzten Köpfen in die erbarmungslose Helle des Tageslichts, die die eben in der Dunkelheit gesehenen Welten verblassen ließ. Erst abends im Bett holte die Phantasie die reißenden Bilder wieder ins Bewusstsein.

In der Pubertät wird das Kino Fluchtort für erste Heimlichkeiten, für Träume von Identität und Liebe, aber auch für Ängste und Manien. Da wird das Einnicken vor der Leinwand, während es langsam dunkel wird, zum Eintauchen in einen anderen Aggregatzustand, für manche ist es wie eine Rückkehr in den Uterus. Wenn man aus dem Minutenschlaf wieder auftaucht, scheint der Eintritt in die andere Wirklichkeit der Filmbilder nahezu vollkommen. Nicht die tatsächliche Kinosituation ist da beherrschend, sondern die Zauberrealität des Films. Plötzlich lebt jede Sequenz so unmittelbar, die Farben leuchten so frisch, die Gesichter scheinen so nah und deutlich, das Geschehen packt einen so übermächtig, als erlebe man all das am eigenen Körper.

Allerdings kann auch pure Langeweile ein Nickerchen auslösen. Es gibt Zuschauer, bei denen das Kino vor allem ein Ort ungehinderten Schlummers ist, und die daher behaupten, manche berühmten Filme trotz mehrerer Versuche nie ganz gesehen zu haben, weil immer Kurzschlaf dazwischen kam. Mal war die eigene Müdigkeit zu groß, mal das Kino überheizt, mal war eine Szene unverständlich und warf einen deshalb aus der Handlung und so fort.

Bei Festivals, wo viele Zuschauer täglich bis zu sechs Filme anschauen, verwandelt sich der Kinopalast besonders in den Morgenvorstellungen aus reiner Erschöpfung der Teilnehmer häufig in einen Schlafsaal. Deswegen zeigen die Veranstalter zu diesen Zeiten wohl meist die Mauerblümchen des Programms. Das verdoppelt freilich die Müdigkeit des Publikums.

Doch nicht nur vor der Leinwand nicken Cineasten, auch auf der Leinwand schlummern Helden und Bösewichter, nehmen Normale und Wahnsinnige Auszeiten, dämmern Täter und Opfer dahin. Häufig entwickelt sich gerade daraus die Geschichte. Alfred Hitchcock beispielsweise hat den Schrecken, in einer zuerst scheinbar bekannten, auf den zweiten

Blick jedoch völlig verwandelten Welt zu erwachen, pointiert in seinem wunderbaren Film „The Lady vanishes" von 1937/38 entfaltet: jene Verschiebung der Wahrnehmung des angeblich Vertrauten, die einen schier um den Verstand zu bringen droht. In all seinen Filmen geht es um Identität, ihren Verlust und Wiedergewinn. Der Weg dorthin ist natürlich nahezu immer lebensgefährlich und vom Tode bedroht.

In „The Lady vanishes" lernt die junge Iris, eine Engländerin, gespielt von Margaret Lockwood, im Balkanexpreß eine nette ältere Dame kennen, Miss Froy, dargestellt von der damals berühmten Dame May Whitty. Sie unterhalten sich angeregt, bis Iris, die zu Beginn des Films einen leichten Schlag gegen den Kopf erhalten hat, einnickt. Als sie wieder erwacht, ist die alte Dame nicht mehr da. Als Iris nachfragt, wo Miss Froy sei, erntet sie nur Verständnislosigkeit, was ihre Verwirrung steigert. Im Laufe des Films wird sie mit Hilfe eines attraktiven jungen Mannes, den Michael Redgrave spielt, nicht nur Miss Froy wiederfinden, sondern auch lernen, ihrer eigenen Wahrnehmung zu trauen und nicht den suggestiven Zweifeln der anderen. Die hätten gern jede Nachforschung unterbunden, weil sie Spione sind, die hinter Miss Froy her sind, die ebenfalls Agentin ist, allerdings für die Gegenseite.

Während des Schläfchens von Iris hat man Miss Froy entführt und versteckt. Sie wird für verschwunden erklärt beziehungsweise man leugnet ihre Existenz, um sie in Ruhe aushorchen zu können. Iris erwacht eigentlich in der ihr bekannten Situation des Zugabteils, das sich aber rasch als fremde und befremdende, den Verstand erschütternde Umgebung entpuppt, was die anderen Passagiere noch bestärken. Das kurze Schläfchen wird so zum identitätsverändernden Tunnel in eine neue und, wie sich herausstellt, abenteuerliche und gefährlich böse Welt, in der sich am Ende die drei Helden aber durchsetzen. Also die Geschichte einer Initiation: Die junge Frau lernt letztlich, ihre Umgebung nicht mehr naiv, sondern skeptisch und neugierig zugleich zu beurteilen.

Hitchcock wusste um die verändernde Wirkung des Fadenrisses aus eigener Erfahrung. „Er hatte die Angewohnheit", erzählt Joel McCrea, Hauptdarsteller in dem Thriller „Foreign Correspondent" von 1940, „zum Mittagessen einen halben Liter Champagner zu trinken. Eines Tages drehten wir nach dem Essen eine lange Szene, in der ich hauptsächlich dastand und redete. Als die Szene zu Ende war, erwartete ich das übliche ‚Schnitt!' zu hören. Als ich herüberschaute, schnarchte Hitchcock mit vorgeschobenem Mund. Er war eingeschlafen. Also sagte ich ‚Schnitt!' und er wachte auf und fragte: ‚Hat es etwas getaugt?' Ich sagte: ‚Das war die beste Szene des Films!' Und er sagte: ‚Die nehmen wir!'"

Noch ein paar Beispiele für die dramaturgische und psychologische Bedeutung des filmischen Nappings:

Eines der berühmtesten Rätsel der Filmgeschichte entsteht gewissermaßen aus einem Nickerchen. In Akira Kurosawas „Rashomon" von 1950 wird die Geschichte eines Mordes gezeigt. Aber jeder der Beteiligten erzählt seine eigene Version, jeder versucht dabei die eigenen Schwächen und Feigheiten zu verdecken. So läßt sich die über allem liegende Frage, was denn die Wahrheit sei, nicht beantworten.

Nach der Rahmenhandlung unter dem Rashomontor in strömendem Regen werden die einzelnen Versionen vorgestellt: Zu Beginn liegt der Räuber Tajomaru, von Kurosawas Lieblingsdarsteller Toshiro Mifune unvergesslich verkörpert, unter einem Baum und ruht. Er blinzelt träge, als ein Samurai mit einer verschleierten Dame auf einem Pferd vorbei zieht. Da erhebt sich eine Brise, fährt über Tajomarus Gesicht und weht für einen Augenblick den Schleier der Dame beiseite. Der kleine Wind enthüllt für Sekunden die Schönheit der Frau und weckt damit das Verlangen in Tajomaru. Er lockt den Ritter vom Weg ab und überwältigt ihn. Dann bedrängt er die Frau, bis sie nachgibt. Danach folgt ein erbitterter Kampf, bei dem der Samurai getötet wird. War es ein ritterlicher Kampf um die Frau, wie der Räuber behauptet? Hat die Frau nach der Vergewaltigung womöglich in einem Blackout ihren gefesselten Mann mit einem Dolch erstochen, weil sie seinen verachtungsvollen Blick nicht ertragen konnte? Oder hat sich der Samurai selbst entleibt, nachdem seine Frau den Räuber zum Mord anstiften wollte, dieser ihr aber selbst den Tod androhte und ihn losband? Jeder hat sich auf seine Weise schuldig gemacht und die Wahrheit zu eigenen Gunsten verschwiegen und verdreht.

In Raoul Walshs großartigem Western „Along the great Divide" (deutscher Titel: Den Hals in der Schlinge) von 1951 kippt der Handlungsverlauf um durch eine Schlafsekunde, allerdings eine unfreiwillige. Der junge Marshall, Kirk Douglas spielt ihn mit brennender Intensität, fängt einen alten Mann, – wunderbar Walter Brennan in all seiner Zwielichtigkeit –, dem ein Raubmord vorgeworfen wird. Seine Tochter – Virginia Mayo ist hin- und hergerissen in der Liebe zum Vater und in der Liebe zum Marshall – versucht, den Marshall zu überzeugen von der Unschuld des Vaters. Aber der Mann des Gesetzes ist unnachgiebig und uneinsichtig bis zum Starrsinn und wird den Alten zum Gerichtstermin in die Stadt bringen. Dabei müssen sie ein Wüstenstück durchqueren. Der Marshall muss die ganze Strecke über seinen Gefangenen und die Begleiter bewachen, darf nicht ermüden. Aber irgendwann geschieht es, er nickt für Sekundenbruchteile ein und fällt vom Pferd. Sofort entwaffnen ihn die anderen, der Alte ist frei. Spannender kann kaum etwas sein, als dieses Warten und Lauern aller, auch der hellwachen Zuschauer, auf den Moment, in dem der Marshall die Kontrolle durch Sekundenschlaf verliert und die ganze Geschichte sich dreht. Allerdings nur für eine kleine Weile, denn zum Schluss gibt es ein Happy End.

IMMER, WENN ES
DUNKEL WIRD II

Auch das Theater gilt als große Schlummerkammer. Hier heißt es aber, trotz allem Contenance zu bewahren. Während im modernen Kinopalast die Sessel mit ihren hohen Rückenlehnen und weiten Reihenabständen gleichsam zum Flätzen und Lümmeln einladen, „gilt's" im Theater „der Kunst", was aufrechtes Sitzen und im allgemeinen eine strengere Kleiderordnung bedeutet. Der Übergang vom inneren Illusionsraum und privaten Binnenkino in die gegenüber dem Film ungleich realistischere Situation der Bühne mit wirklichen Menschen, die mit uns im gleichen Raum agieren, gelingt wesentlich schwieriger. Die Direktheit des Geschehens und die Unmittelbarkeit der Schauspieler lassen weniger Chancen, auszuweichen, wegzutauchen oder fortzuschweifen.

Dennoch übermannt uns so manche Minute der Abwesenheit, des Fadenverlierens, des wohltuenden Aussetzens. In der Pause sind wir dann wieder ganz da und wir selbst. Oder waren wir es in jenen kleinen Ohnmachten nicht viel mehr? Die Kunst besteht darin, trotz Dunkelheit nicht wegzusacken, sondern die Päuschen sozusagen in Form zu gestalten: den Kopf also entweder gerade auf den Schultern halten, oder das Kinn unauffällig auf dem Schlipsknoten abstützen, oder aber das Haupt in die Hand legen, während der Ellbogen auf der Armlehne ruht. Runterzurutschen, bis der Nacken auf der Rückenstütze aufliegt, ist im Theater schon wegen des geringen Reihenabstandes nahezu unmöglich und wirkt doch sehr ungehobelt.

Theaterrezensenten wird nachgesagt, dass sie schon aus Profession Meister des Akteverschlafens sein müssten. Nun, der bekannte Kritiker Hellmuth Karasek bestreitet für seine Person, während der Premieren zu schlafen: „Teils ist das Theatergestühl zu unbequem, oft wird auch von der Bühne herunter zu unangemessen gelärmt, oder es wird auch unangemessen still, sodass man fürchten muss, sich, einmal eingeschlafen, durch störende Schnarchlaute zu outen. Auch Pausen, die meist eingeläutet werden, wenn man gerade in einer

Tiefschlafphase ist, sind lästig, weil einen die den Saal Verlassenden aufwecken, und man in der Pause ohnehin wach sein muss, weil man ja sonst nicht wüsste, was man denn nun gesehen hätte, wenn man nicht geschlafen hätte, und was man, folglich, davon zu halten habe."

Das klingt ziemlich plausibel, wenn der Betreffende – oder ist er nicht doch der Betroffene? – richtig in festen Schlummer fällt. Einem Könner des Nickens kann so etwas nicht passieren, weil er weder schnarchen wird, noch in ausgedehnte Tiefschlafphasen gerät. Doch Karasek erzählt von einem renommierten Kollegen – Professor und Herausgeber einer Zeitschrift –, den er um die Freiheit, in aller Ruhe während der Aufführung zu schlummern, beneidet hat: „R. schlief meist in der ersten Minute jeder Premiere ein und wachte, mit einer Unterbrechung in der Pause, erst beim Schlussapplaus auf. Er schrieb dennoch die luzidesten Rezensionen, sie wirkten aufgeweckt, ja hellwach, von traumwandlerischer Sicherheit im Urteil. Manche Kollegen hielten seinen Premierenschlaf für eine Kriegslist. Er wiegte damit andere in

Sicherheit, er hätte alles verschlafen, ging dann heimlich und unerkannt in die zweite Vorstellung, wo er hellwach blieb. So erwarb er sich den Ruf, der sprichwörtlich wurde, dass es der Herr den Seinen im Schlaf gebe."

Vielleicht etwas überanstrengt, diese Schlaf- und Täuschtaktik. Viel eher wird der Kritiker R. wohl ein Perfektionist des Einnickens und Aufwachens im rechten Augenblick gewesen sein, der Wichtiges und Unwesentliches von einander scheiden konnte und dementsprechend seine Pausen zu nehmen wusste.

Noch ein Wort zur Bestuhlung: William A. Anthony hat moniert, dass der „common sense" über das Nicken nicht sehr weit verbreitet sei, sonst gäbe es in Konzertsälen, Baseballstadien, auf Flughäfen und überall, wo Leute Nickerchen machten, Liegen und Couches. Aber wo wäre dann das Freibeuterische, das sozusagen Robin-Hood-hafte des Nickerchens hin, das man sich doch heimlich holt, unbeachtet stiehlt oder einfach macht, just in aller Öffentlichkeit diesseits und jenseits der gesellschaftlichen Normen? Wenn sich die Schauspieler auf der Bühne einem Liegestuhlparkett gegenüber sähen, verginge ihnen die Lust am Theater. Und Besucher, die nicht in einer Gemeinschaft der Penner und Schnarcher den „Faust" genießen wollen, würden ein solches Schlummeretablissement meiden. Deshalb ist es richtig, dass es die Sitze den Nickwilligen nicht bequem machen. Der Meister versteht es, diesen Mangel zu überlisten.

Hingegen wird auf der Bühne von Dichters wegen viel eingeschlafen, eingenickt, aufgewacht und aufgeweckt. Schillers Wallenstein verabschiedet sich von seinen Leuten und den Zuschauern mit der Ankündigung, einen „langen Schlaf zu tun". Ein prophetischer Satz, denn es wird der ewige Schlaf daraus, weil seine Gegner ihn in dieser Nacht ermorden lassen. Umgekehrt erwacht Goethes Faust am Beginn des Zweiten Teils aus jenem Schlummer, der ihn die Welt neu sehen lässt und den Wunsch nach neuen Abenteuern weckt: „Des Lebens Pulse schlagen frisch lebendig,/ Ätherische Dämmerung milde zu begrüßen …"

Hamlet sinniert nicht nur über Sein und Nichtsein, sondern über Schlaf, Traum und Tod, bis er sich und uns restlos verwirrt hat. Das vielleicht schönste, tiefsinnigste und komischste Nickerchen auf dem Theater geschieht in Shakespeares „Sommernachtstraum". Nicht nur, dass das ganze Stück zwischen Wachen und Schlummern schwebt, zwischen Zauber und Liebe, Irritation und Nachgeben, Lüge und Wahrheit, es ist auch jenes Stück, in dem Leben ein Traum ist, oder besser, viele Träume wahrlich lebendig werden. Unter den Protagonisten sind auch das Feenkönigspaar Oberon und Titania und die Handwerkertruppe, angeführt von Squenz und Zettel, die im Wald die Tragödie von Tyramos und Thisbe einstudieren wollen, die bei der Hochzeitsfeier von Theseus und Hippolyta aufgeführt werden soll.

Nun können einen heiße Sommernächte, wenn vielleicht noch der Vollmond scheint, auch ohne Elfenscharen schon einigermaßen durcheinanderbringen. Man findet kaum ins Bett, weil die Lüfte so lau sind, und wenn, dann schläft man schlecht wegen der Wärme und Helligkeit. Meist steht man bald wieder auf, und sieht, wie das Licht des Mondes alles ins Unwirkliche verwandelt.

Wenn zusätzlich noch der Kobold Puck und sein König Oberon Schabernack treiben, dann kommt es soweit, dass sich die schöne Titania, als sie aus einem kurzen Schlummer erwacht, in den einfältig-eifrigen Weber Zettel verliebt, dem Puck einen Eselskopf hingezaubert hat. Während ihres Schlafs hatte Oberon Titania einen Kräutersaft aufs Auge geträufelt, der so wirkt, dass sie sich ins erstbeste Wesen vergucken muss, das ihr begegnet. Und so schwärmt sie entzückt bei Zettels Eselsgesang: „Ich bitte dich, du holder Sterblicher,/Sing noch einmal! Mein Ohr ist ganz verliebt/ In deine Melodie;/ auch ist mein Auge/ Betört von deiner lieblichen Gestalt;/ Gewaltig treibt mich deine schöne Tugend,/ Beim ersten Blick dir zu gestehen, zu schwören:/ Dass ich dich liebe."

So nutzt Oberon Titanias Schläfchen zur tragikomischen Verwicklung. Genauso hat Puck die jungen Paare Demetrius, Hermia, Lysander und Helena durcheinandergebracht. Wer in diesem Zauberstück einschläft, erwacht als ein anderer, findet neue Gefühle in sich, ein gefährliches Seelenspiel, das Shakespeare und seine Elfen da betreiben. Doch Oberon befiehlt Puck, die zerstrittenen jungen Leute wieder zu betäuben, um alles ins Lot zu bringen. Seine Titania liebkost derweil ihren Zettel, der das Ungeahnte auf seine, wie Puck von ihm sagt, „ungesalzene" Art genießt und dabei müde wird: „Es kommt mir eine Exposition zum Schlaf an."

Titania singt ihn und sich in Schlummer.

Nun lösen Oberon und Puck bei beiden den Zauber. Titania flieht entsetzt den Esel, als sie wach ist, und zieht mit Oberon davon. Zettel aber, wieder der Weber mit Schauspielerehrgeiz, ahnt, ohne verstehen zu können, dass unter der Oberfläche der Waldwirklichkeit und des Schlafs sich noch etwas Unheimliches verbirgt. Sein Monolog beschreibt das Staunen nach dem Erwachen, diesen Moment, in dem der Schläfer zuerst fest glaubt, ins Gewohnte zurückgekehrt zu sein, dann aber merkt, dass während des Schlummers unheilbar Chaotisches mit ihm geschah: „Ich hab ein äußerst rares Gesicht gehabt. Ich hatte 'nen Traum – 's geht über Menschenwitz, zu sagen, was es für ein Traum war. Der Mensch ist nur ein Esel, wenn er sich einfallen lässt, diesen Traum auszulegen. Mir war, als wär' ich – kein Menschenkind kann sagen, was. Mir war, als wär' ich, und mir war, als hätt' ich – aber der Mensch ist nur ein lumpiger Hanswurst, wenn er sich unterfängt, zu sagen, was mir war, als hätt' ich's; des Menschen Auge hat's nicht gehört, des Menschen Ohr hat's nicht gesehen, des Menschen Hand kann's nicht schmecken, seine Zunge kann's nicht begreifen, und sein Herz nicht wieder sagen, was mein Traum war."

In ganz anderem Sinn hat Goya, der Maler und Radierer düsterster Realitäten und Visionen, im Schlaf ebenfalls eine Zeitphase gesehen, in der sich das Ungeheure, aber als Gefährliches, Böses befreien kann. Das berühmte Titelblatt seines Radierzyklus „Caprichos" zeigt einen angezogenen Mann, den ein Nickerchen am Tisch überrascht hat. Er hat den Kopf auf die verschränkten Arme gelegt und schläft im Sitzen. Aber aus seinem Haupt steigen bedrohliche Gestalten auf: „Der Schlaf der Vernunft gebiert Monster" hat Goya die Radierung betitelt. Erwacht nicht auch Kafkas Gregor Samsa aus dem Schlaf und findet sich als

Käfer wieder? Da bleibt nichts mehr von Gemütlichkeit und Niedlichkeit übrig: Schlaf und Nickerchen als Horrortrips.

Doch zurück in freundlichere Gefilde, zu Shakespeares „Sturm", in dem Prospero seine Tochter Miranda unwiderstehlich zum Nickerchen auffordert:

„Hier lass dein Fragen./ Dich schläfert: diese Müdigkeit ist gut, /und gib ihr nach. – Ich weiß, du kannst nicht anders."

So ist es …

IMMER, WENN ES DUNKEL WIRD III

Die größte Versuchung unter den Dunkelkammern der Kunst geht von der Oper aus, denn wenn die Lichter verlöschen, fängt die Musik an. Viele schließen grundsätzlich beim Hören von Musik die Augen, um sich noch besser zu konzentrieren, ganz in den Klang einzuschwingen und sich aufsaugen zu lassen vom musikalischen Geschehen. Dieses Eintauchen und Mitgehen kann uns richtig wegführen aus diesem Saal, vor diesem bestimmten Podium. Musik kann, wenn sie erklingt, eine Quelle unendlicher Assoziationen werden, kann der Entspannung dienen und dem Freiwerden von den Zwängen des Alltags, von dem Gepäck, das jeder mitbringt, wie es der große Dirigent Sergiu Celibidache genannt hat. Aber, so seine Worte, wer ins Konzert geht, um dort frei zu werden, wird enttäuscht sein. Umgekehrt: Nur wer frei ist, wird die Musik wirklich wahrnehmen können.

Trotzdem: Es gehört zu den bekömmlichsten Momenten, wenn die Lüster erloschen sind, der

Dirigent erschienen, und der Begrüßungsbeifall abgeebbt ist, die Ouvertüre für eine kleine Auszeit herzunehmen. Andere Nickmeister finden den ersten Akt noch geeigneter für ein Schläfchen, in Ehren selbstverständlich. Also kein Schnarchen, kein Räkeln, sondern die Gelegenheit mit Haltung und Disziplin nutzen, was ähnliche Regeln bedingt wie der Theaterschlaf.

Schwieriger wird die Sache im Konzert. Erstens wird dort der Saal nicht gänzlich abgedunkelt, sodass geschlossene Augen eher auffallen. Wenn die Sitze dann so steil und eng gestellt sind wie im Wiener Musikvereinssaal, dann gehört schon eine große Portion Erfahrung und Haltungstechnik zum Nickerchen. Eine Kritikerin beherrschte und beherrscht diese Kunst bewunderungswürdig, ganz gleich, ob sie in der Tokioter Suntori-Hall sitzt, in Wien lauscht, in der Berliner oder Münchner Philharmonie die Ohren spitzt oder in New Yorks Carnegie Hall auf besten Plätzen sitzt: Sie schließt die Augen und vermag den Kopf so perfekt zu balancieren, dass er niemals wackelt, sinkt oder kippt. Ihr Gesicht wirkt immer voller Konzentration, ja,

Hingabe an die Musik – vorbildlich. Dabei hilft ihr kein steifer Hemdkragen, kein Krawattenknoten als Kinnstütze. Ich vermute, sie suggeriert sich dergleichen, anders lässt sich dieses Phänomen sonst nicht erklären.

Im übrigen stören Schläfer nur dann, wenn sie ins Pianissimo oder in die zarte Kantilene hineinschnarchen. Aber viel schlimmer sind doch die Huster und Räusperer, die keinerlei Rücksicht und Zurückhaltung kennen, wenn sie genau das Feinste, Luftigste an Klang grob behusten.

Dass auf der Opernbühne genickt, geschlafen und geträumt wird, darunter auch geradezu apokalyptische Traumgespinste, versteht sich von selbst. Zum Beispiel in Mozarts „Zauberflöte": „In der Mitte steht eine Laube von Blumen und Rosen, worin Pamina schläft. Der Mond beleuchtet ihr Gesicht", heißt es in Emanuel Schikaneders Bühnenanweisungen. Aber ihr Schlummer wird beobachtet von Monostatos, dem begehrlichen Mohren: „Es ist doch eine verdammt närrische Sache um die Liebe! Ein Küsschen, dächte ich, ließe sich entschuldigen." In der folgenden Arie schildert er die Bitternis des Diskriminierten und seine Sehnsucht nach Liebe:

„Alles fühlt der Liebe Freuden, / Schnäbelt, tändelt, herzt und küsst; /Und ich sollt' die Liebe meiden,/ Weil ein Schwarzer hässlich ist! / Ist mir denn kein Herz gegeben?/ Immer ohne Weibchen leben,/ Wäre wahrlich Höllenglut!

Drum so will ich, weil ich lebe,/ Schnäbeln, küssen, zärtlich sein!/ Lieber guter Mond vergebe,/ Eine Weiße nahm mich ein./ Weiß ist schön! Ich muss sie küssen;/ Mond, verstecke dich dazu!/ Sollt' es dich zu sehr verdrießen,/ O so mach die Augen zu!"

Eindeutig ein Nachtstück. Dazu eine kleine Erinnerung: Der Wiener Maler Alfred Hagel, der den Musiksalon des legendären Luxusdampfers „Bremen" in den zwanziger Jahren mit „Zauberflöten"-Tableaux ausgestaltete, hat auf einer detaillierten Farbskizze die ganze Szene in helles Tageslicht getaucht, so dass es nun wirkt, als mache Pamina eine kleine Siesta: Die zarte Prinzessin liegt unter einer Art Sonnensegel, und Monostatos, ein schlanker gutaussehender schwarzer junger Mann, schaut mit gerecktem Kopf auf die ruhende Schöne. Dieses Bild hing über dem Flügel der Mama und hat sich mir so tief eingeprägt als Inbegriff der südlichen Siesta, dass mich auch noch so triftige Inszenierungen mit Nacht und Mond stets befremden.

Schon in einer der frühesten Opern der Musikgeschichte, in Monteverdis „L'Incoronatione di Poppea", gibt es ein solches Schlummer-Gewalt-Arrangement: Poppea schläft, während Ottone sie ermorden will. Doch Amor kommt rechtzeitig dazwischen mit der ironischen Erkenntnis: „So lebt die Menschheit im Dunkel. Und wenn sie die Augen geschlossen hat, glaubt sie sich vor dem Bösen sicher."

In Rossinis „Barbier von Sevilla" – nach dem Theaterstück von Beaumarchais – geschieht es, dass Rosina ihrem Musiklehrer eine Arie in Anwesenheit ihres alten Vormunds Bartholo vorsingt, der aber bei der Musik einnickt. Nun ist der Musiklehrer niemand anderes als der verkleidete Graf Almaviva, der während des Gesangs seiner Angebeteten mit versteckten zärtlichen Handgreiflichkeiten zu Leibe rückt. Bei Beaumarchais heißt es dazu: „Infolge der Erregung verlangsamt sich Rosines Gesang, wird schwächer, und schließlich versagt ihr mitten in der Kadenz auf das Wort ‚extreme' die Stimme. Das Orchester folgt dieser Bewegung, wird schwächer und verstummt mit der Singenden. Die Stille weckt Bartholo auf. Der Graf erhebt sich. Rosine und das Orchester nehmen rasch das Lied wieder auf." Dieses Spiel mit dem einschlafenden Alten wiederholt sich natürlich innerhalb der nächsten Strophen. Beaumarchais' Regieanweisung hat Rossini allerdings anders umgesetzt. Solange Bartholo wach ist, singt Rosina ihre Arie, wenn er aber eingenickt ist, wechselt die Musik ins erregte Duett der heimlichen Liebeshändel und wieder zurück in die Arie, wenn Bartholo hochfährt.

Die wohl finsterste, bedrohlichste Halbschlaf- und Nickszene der Operngeschichte hat Richard Wagner in seiner „Götterdämmerung" erfunden. Es ist Nacht am Rhein vor der Halle der Gibichungen. Dort sitzt der grimme Hagen und scheint zu schlafen. Aber es ist ein trächtiger, erwartungsvoller Schlaf, denn: „Der Mond wirft plötzlich ein grelles Licht auf ihn und seine nächste Umgebung: man gewahrt Alberich vor Hagen, die Arme auf dessen Knie gelehnt." Abgrundtief und düster klingt das Orchester, vom „Grübelmotiv" beherrscht. Dieser Beginn des Zweiten Aufzugs gehört sicher zu den magischsten der an magischen Stellen so reichen Partitur. Ein musikalisches Assoziationsmeer öffnet sich hier aus Beklemmung, Schwärze und Unheimlichem, es ist ein sozusagen apokalyptisches, mörderisches Nickerchen, das Hagen macht, und in das sein Nibelungenvater all seinen Hass, seine Rachewünsche hineinflüstert und -geifert: „Schläfst du, Hagen, mein Sohn?" fragt er den somnambulen Hagen immer wieder suggestiv, während er ihm den Untergang der Götter ausmalt: „Der einst den Ring mir entriss,/ Wotan, der wütende Räuber, ... mit der Götter ganzer Sippe/ in Angst ersieht er sein End'./ Nicht ihn fürcht' ich mehr:/ fallen muss er mit allen! –

Schläfst du, Hagen, mein Sohn?"

Nein, Hagen fragt nach den Erben der Göttermacht, und sein Vater singt sich in visionären Rausch: „Ich – und du:/ wir erben die Welt", gäbe es nicht noch Siegfried, dessen Ahnungslosigkeit ihn vor dem Unglücksfluch Alberichs schützt. Siegfried gilt es also zur Strecke zu bringen: „Hörst du, Hagen, mein Sohn?" Der soll den Helden erledigen, auf dass der Ring nicht an die Rheintöchter zurück falle und damit Alberich seine Macht verlöre: „Schwörst du mir's, Hagen, mein Sohn?"

Aber der Sohn antwortet anders, als der wüste Vater es ihm geradezu hypnotisch einbrennen will: „Mir selbst schwör' ich's:/ schweige die Sorge!" Wahrlich ein Halbschlaf des Monströsen, des Bodenlosen, voll des Grauens und Schreckens. Zugleich taucht in Alberichs verzerrender und verzehrender, furchtbarer Erzählung der ganze riesige Bogen der Wagnerschen „Ring"-Tetralogie noch einmal auf.

Das Einnicken während musikalischer Darbietungen gehört zur Musik von ihrer Entstehung an. Und häufig soll ja gerade dieser Effekt erzielt werden, man denke nur an die Wiegenlieder. Schon die Neandertalerin wird ihrem Kindchen Sanftes vorgesummt haben. Andrerseits werden sich Musiker wahrscheinlich seit Äonen immer wieder darüber geärgert haben und immer noch darüber ärgern, dass ihrer Kunst nicht die wache Aufmerksamkeit entgegengebracht wird, die ihr gebührt. Schlummer empfinden sie als Missachtung. Haydn hat im Variations-Andante seiner berühmten Symphonie Nr. 94 gleich beides komponiert, das Wissen über das Nickerchen der Zuhörer – und ihr Aufwecken mit Hilfe eines Fortissimoschlags.

Umgekehrt soll Musik als Therapeutikum der Beruhigung dienen, der Entspannung, und tut dies wohl auch, wenn die Berichte über den Einsatz von Bach und Mozart in Kuhställen stimmen, wonach die Kühe, gelöst von den Klängen, mehr Milch geben. Tatsächlich kann Musik ausgesprochen erfrischend, bei Depressivität aufhellend, bei Märschen und Kampfliedern auch anfeuernd wirken. Eine der schönsten Anekdoten von der lindernden und heilenden Funktion von Musik bei Schlaflosigkeit rankt sich um Bachs einzigartige „Goldberg-Variationen". Nach seinem frühen Bio-

graphen, dem Musikwissenschaftler Johann Niko-
laus Forkel, hat Bach dieses riesige Klavierwerk im
Auftrage des ehemaligen russischen Gesandten am
sächsischen Hofe, Graf Hermann Carl von Keyser-
lingk, für dessen Cembalisten Johann Gottlieb
Goldberg komponiert: „Der Graf kränkelte viel
und hatte dann schlaflose Nächte. Goldberg, der
bei ihm im Hause wohnte, musste in solchen Zeiten in einem Nebenzimmer die Nacht zubringen,
um ihm während der Schlaflosigkeit etwas vorzu-
spielen. Einst äußerte der Graf gegen Bach, dass er
gerne einige Clavierstücke für seinen Goldberg
möchte, die so sanften und munteren Charakters
wären, dass er dadurch in seinen schlaflosen Näch-
ten ein wenig aufgeheitert werden könnte. Bach
glaubte, diesen Wunsch am besten durch Variationen erfüllen zu können … Der Graf nannte sie
hernach nur seine Variationen …, und lange Zeit
hindurch hieß es nun, wenn schlaflose Nächte kamen: Lieber Goldberg, spiele mir doch eine von
meinen Variationen."

Wie wir heute wissen, hat Bach das Werk dem
Grafen gewidmet zum Dank für dessen Bemühun-

gen um die Verleihung eines Dresdener Hoftitels an Bach. Von wegen gräfliche Schlaflosigkeit.

Unter den Komponisten ist Johannes Brahms als Schläfer, Nicker und vor allem Schnarcher bekannt gewesen. Der Sänger Georg Henschel musste während einer Tournee mit Brahms in einem Zimmer nächtigen. Es galt, immer einzuschlafen, bevor der Komponist mit seinem fürchterlichen Sägen begann. Einmal wusste sich Henschel nicht anders zu helfen, als noch während der Nacht ein anderes Zimmer zu nehmen. Als er morgens den Komponisten wieder aufsuchte, hatte der sich schon seinen sarkastischen Reim auf die Situation gemacht: „Ach, Henschel, als ich sah, dass ihr Bett leer war, dachte ich: Siehst du, jetzt ist er davon und hat sich aufgehängt! Also wirklich, warum haben Sie nicht mit dem Stiefel nach mir geworfen?"

Brahms war Apnoeker, das heißt, er hatte während des Schnarchens gefährliche Atemaussetzer, was ihm in späteren Jahren einen Schlaganfall während des Schlafens eintrug. Außerdem litt er daher tagsüber an ständiger Müdigkeit. Darüber hinaus war er ein freier ungebundener Geist: Es machte ihm nichts aus, im Kaffeehaus einzunicken, auch wenn das in den Zeitungen bespöttelt wurde, und Touristen ihn ungläubig dabei anstarrten. Bei Einladungen zum Diner nickte er ein, selbstverständlich überkam es ihn auch im Theater und sogar in einem Konzert, das Gustav Mahler dirigierte, schnarchte Brahms dazwischen. Und eine boshafte Anekdote behauptet, dass Brahms sieben Jahre an seinem berühmten Wiegenlied komponiert habe, weil er dabei immer wieder am Piano einnickte!

SCHAULUST I

Wie wir wissen, irren Kinder, die sich die Augen mit den Händen zuhalten und meinen, nun seien sie unsichtbar. Auch der leichteste Schlaf hat seine Beobachter oder Bewacher. Die Künstler haben deshalb die biblischen Anekdoten vom trunkenen Noah und seinen Söhnen oder von Lot und seinen Töchtern als tragikomische, anzügliche Szenen gemalt. Aber auch das Idyllische, das Schlafende ausstrahlen, hat Maler aller Zeiten fasziniert. Wie sich die Bauern breit in den Schatten des Baumes hingeworfen haben auf Breughels „Sommer"-Bild, erst recht auf seiner Dastellung des „Schlaraffenlands"; wie vergnügt die zwei wohlangezogenen Mädchen am Seineufer schlummern auf Courbets vor Realismus strotzendem Werk; wie der Vater mit sanftem Anflug eines Lächelns am Strand liegt, den einen Arm unter den Kopf geschoben, mit dem anderen die Blöße bedeckend und den Zeigefinger des Söhnchens am Ohr spüren mag, während die Mama das Kind wohl zu hindern sucht auf Picassos Gemälde „Familie am Meer"!

Museen, die keine Sitzgelegenheiten haben, sind unwirtliche Orte. Wie schön aber, vor Botticellis „Venus" oder Altdorfers „Alexanderschlacht" zu hocken und sich in die Bilder hinein zu träumen. Wer möchte nicht um die schaumgeborene Blondine von aimabler Gestalt herumschweben, wer nicht einmal wilder Spießträger sein im Heer des großen Alexander? Die Schaulust, die die Meisterwerke in einem wecken, kann den Betrachter geradezu erotisieren. Die Schärfung des Blicks, die erhöhte Aufmerksamkeit, das Spiel mit Nah- und Fernwirkung, eine detektivische Neugier, die Geheimnisse der Komposition zu entdecken, der Genuss an der Kühnheit der Farben, die Freude an derben oder zarten Genreszenen – all das versetzt einen in physisch lustvolle Erregung, aber es erschöpft auch.

Bei einem Besuch auf Schloss Moyland am Niederrhein, wo es die größte Sammlung von Kunstwerken des Joseph Beuys gibt, wurde eine Sonderausstellung präsentiert mit Totenmasken aus mehreren Jahrhunderten. Gewiss keine unbedingt animierende Schau. Wir schlenderten nach einem Imbiss weiter durch die Beuys-Schatzkammern. In einer tiefen Fensternische sahen wir jemanden mit angezogenen Beinen im Erholungsnickerchen. Auch ein junges, reiches Paar entdeckte den Schläfer und studierte ihn ein Weilchen, bis der Mann sich und seine Holde flüsternd fragte: „Ist das jetzt 'n Kunstwerk oder 'n Penner?" Sie: „Das ist auf keinen Fall 'n Penner. Guck dir bloß mal die Schuhe an, die haben bestimmt mindestens 500 Mark gekostet!" Wenig später erwachte das „Kunstwerk" und setzte seinen Rundgang mit klarem Blick fort.

Die Londoner Tate Gallery hat nicht nur eine einzigartige William-Turner-Sammlung, sondern überall auch Innehalt- und Ausruhplätze. Ein Bekannter war mit seiner Mutter zum ersten Mal in London, und die beiden nutzten jeden Tag bis zur völligen Ermattung, die grandiose Metropole zu erforschen. Dazu gehörten selbstverständlich die Museen und die sind wirklich groß, ganze Kontinente voll mit Kunstwerken aus aller Welt. Aber weder Fußschmerzen noch Hunger und Durst hielten die beiden ab, ihren strapaziösen Museumsmarathon zu unterbrechen. In der Tate Gallery konnten sie nicht genug von Turners Farbsymphonien bekommen. Als sie das Gebäude mittags verlassen wollten, mussten sie noch Mäntel und Schirme abholen. Es gab eine Schlange, und die beiden setzten sich auf eine Bank im Vorraum zur Garderobe und schwärmten von den gesehenen Genüssen. – – – „Wake up, please!" Mutter und Sohn fuhren hoch, sie hatten aneinander gelehnt im tiefsten Nickerchen. Vor ihnen stand der Portier und erklärte den Aufgeschreckten, dass die Gallerie nun geschlossen werde, es sei 18 Uhr! Aus dem Nickerchen war ein Erschöpfungsschlaf geworden.

SCHAULUST II

Nickerchen klingt niedlich, fast kindlich. Das Diminutiv, das den kleinen Schlaf andeuten will, verdeckt all jene Situationen, die nicht dem harmlosen Kanapeehüten entsprechen. Wer je Giorgiones Gemälde „Ruhende Venus", das in Dresden hängt, bewundert oder vergleichbar schöne nackte Frauen auf Bildern von Tizian, Courbet und anderen gesehen hat, weiß, dass Schlummer und Erotik sehr, sehr nah beieinander liegen. Nicht nur auf Gemälden. Aber Venus liegt nicht, sie lagert, sie ruht, sie hat sich gebettet. Und ihre Nacktheit ist keine schamlose Entblößung, sondern vielmehr göttliches Privileg, Auszeichnung, Haltung einer Schaumgeborenen, dem Meer Entstiegenen. Ob Rubens oder Watteau, Poussin oder Boucher, die Künstler haben sich immer wieder animieren lassen von der Vollkommenheit des Körpers, inspirieren lassen von der Schönheit der Schönsten. Übrigens: Blondinen bevorzugt.

Die schönen Nackten wissen um den ewigen Reiz, den das Unverhüllte auslöst. Manche haben die Lider in scheinbarer Ahnungslosigkeit gesenkt, andere wie bei Palma Vecchio schauen ernst, fast streng den Betrachter an. Meist liegt eine Hand im Schoß, sie soll verdecken und weist doch zugleich hin: Schuft, wer Bestimmtes denkt. Gut vorstellbar, dass die reichen und fürstlichen Auftraggeber manch nackter Venus, den Bogen spannender Diana oder diverser badender Susannen, Bathsebas und Nymphen, diese Bilder der schönen Entblößten, als sie in den Privatgemächern hingen, zum Anlass nahmen, nun ja, erotisch tätig zu werden.

Wie dem auch sei, ganz unabhängig von Bildern gibt es kein wohligeres, glücklicheres, unwillkürlicheres Schläfchen, als jene süße Ermattung nach dem Liebesakt. Selige Erschöpfung, tiefste Entspannung, Ruhe der Erfüllung – und in der Pause kann sich Sehnsucht nach neuer Lust aufladen. In der bildenden Kunst wurde diese Situation in einem berühmten mythischen Topos vielfach variiert. Auf griechischen Vasen ist das ganze Spektrum menschlicher Sexualität mit schwungvoller Grandezza gemalt worden. Ebenso haben die Römer in Pompeji ihre Villen lustvoll mit Erotika ausgestaltet. Seit in der Renaissance die Antike wieder entdeckt wurde, öffnete sich eine Welt aus Historien, Mythen und Sagen, die die Phantasie von Herrschern, Philosophen und Künstlern mit neuen Motiven überschütteten und beflügelten. Gerade die antike Göttergesellschaft, der so gar nichts Menschliches zwischen Inzest, Ehebruch, Lüge, Betrug, Rache und Mord fremd war, bot reiches Material für eine neue Bilderwelt.

Jenes delikate Sujet nun stammt aus der Odyssee des Homer und wurde in römischer Zeit von Ovid in seine „Metamorphosen" aufgenommen. Es ist die Geschichte vom Techtelmechtel der schönen Aphrodite mit dem starken Kriegsgott Ares (im Römischen Venus und Mars). Nun ist die Göttin der Liebe je nach Überlieferung mal diesem mal jenem vermählt gewesen, und sie selbst hat sich außerdem noch Gespielen unter den Menschen ausgesucht. Doch durch die Affäre mit Ares haben wir uns daran gewöhnt, sie als die Frau des hinkenden göttlichen Schmieds Hephaistos zu sehen.

Bei Homer trägt der Sänger Demodokos diese heiße Geschichte als Ballade vor: „Ares Liebe besang und Aphroditens der Meister,/ Wie sich beide zuerst in Hephästos' prächtiger Wohnung/ heimlich vermischt. Viel schenkte der Gott, und entehrte des hohen/ Feuerbeherrschers Lager."

Doch auch die heimlichste Umarmung wird belauscht und entdeckt. Hier bringt es die Sonne in Gestalt ihres Gottes Helios an den Tag und verrät Hephaistos, von wem ihm Hörner aufgesetzt wurden. Voll blanken Zorns schmiedet Hephaistos ein spinnwebfeines, aber unzerreißbares Netz, das er über dem Ehebett anbringt. Dann zieht er zum Schein nach Lemnos. Sofort taucht der Liebhaber auf, "hingerissen von Liebe" zu Aphrodite. „Er aber ging in die Wohnung,/ Fasste der Göttin Hand, und sprach mit freundlicher Stimme: Komm, Geliebte, zu Bette, der süßen Ruhe zu pflegen!/ Denn Hephaistos ist nicht daheim; er wandert vermutlich/ Zu den Sintiern jetzt, den rauen Barbaren in Lemnos./ Also sprach er, und ihr war sehr willkommen die Ruhe,/ Und sie bestiegen das Lager, und schlummerten. Plötzlich umschlangen/ Sie die künstlichen Bande des klugen Erfinders Hephaistos;/ Und sie vermochten kein Glied zu bewegen oder zu heben." Nun taucht der Gehörnte auf und ruft die Götter zusammen, um seine Gemahlin und den Ehebrecher anzuklagen. Die kommen, allerdings ohne die Damen, die sich schamvoll in ihre Gemächer zurückziehen: „Jetzo standen die Götter, die Geber des Guten, im Vorsaal;/ Und ein unauslöschliches Gelächter erscholl bei den seligen Göttern,/ Als sie die Künste sahn des klugen Erfinders Hephaistos."

Diese pikante Amoure haben die Künstler vielfach und in allen Stadien gemalt. Präkoital, indem sie die Toilette der Göttin zeigten oder beide entkleidet vor dem aufgeschlagenen Liebeslager. Dann die *in flagranti*-Bilder, auf denen sie in eindeutiger Position erwischt werden. Bei dem Niederländer Joachim Wtewael wird daraus ein erotisches Drama: Der Gott Merkur reißt den Baldachinvorhang über dem sich liebenden Paar empor, Mars fährt erschrocken auf, den Arm anklagend hebend, während die unter ihm liegende Venus ihren Kopf senkt und im Schatten des Geliebten zu verstecken sucht vor den von allen Seiten heranschwebenden Göttern. Bei Lovis Corinth stehen die lachenden Götter um das

Bett, auf dem Venus schamvoll die Augen mit den Händen bedeckt, während Mars wütend versucht, sich unter dem Netz des Vulkan zu erheben.

Tintoretto machte daraus eine komische Szene: Hephaistos-Vulkan deckt misstrauisch seine Gemahlin auf, unter dem Fenster hält Amor das Nickerchen der Erschöpfung. Am Fußende des Bettes verbellt ein kleiner Hund jemanden unter dem Tisch im Hintergrund: Dorthin hat sich – wie schmählich – Mars, der Kriegsgott verkrochen!

Am schönsten aber hat Botticelli, ganz Homer folgend, das Paar post coitum in „süßer Ruhe" dargestellt, noch vor der Entdeckung: Ares liegt, völlig vom Schlaf übermannt, nach hinten gesunken da mit leicht geöffneten Mund. Sein linker Arm stützt sich auf den Brustharnisch, aus dem ein vergnügt grinsender Satyrbub krabbelt. Derweil bläst ein anderer kräftig ins Muschelhorn genau ins Ohr des Kriegsgottes, der aber aus seiner holden Ermattung nicht zu wecken ist.

SCHAULUST III

In zwei welthistorischen Szenen der Jesus-Geschichte hat das Nicht-wachbleiben-können besondere Bedeutung, und die Maler haben sie jahrhundertelang in immer neuen Varianten auf Tafeln und Leinwände gebannt. Einmal ist es Christus am Ölberg, zum Anderen seine Auferstehung aus dem Grab. Während Jesus seine härtesten Stunden durchlebt im Garten von Gethsemane, während er mit sich und seinem Herrn ringt, ob er die Kraft aufbringen kann und soll für das Menschenopfer am eigenen Leib, fallen seine drei Begleiter in Schlaf, obwohl sie ihr Meister gebeten hat, zu wachen und zu beten. Er findet sie bei seiner Rückkehr schlummernd und rügt sie. Wieder geht er in den Garten, wieder schlummern die Jünger ein, und noch ein drittes Mal geschieht es. Auf den zahlreichen Darstellungen dieser Grundszene des christlichen Abendlandes kann man die Jünger sehen, wie sie der Schlaf in nahezu jeder Stellung überrascht hat. Manche liegen, den Arm als Kopfkissen untergelegt, andere sind eingenickt, der

Kopf zur Seite gesunken. Wieder andere stützen das müde Haupt in die Hand. Dennoch bleiben sie immer Jünger, sozusagen Standspersonen, die trotz ihrer Schwäche nicht allzu drastisch ausgestellt werden.

Das geschieht viel eindrucksvoller bei den Wächtern am Grab, die übrigens nur im Matthäus-Evangelium erwähnt werden. Die Hohepriester und Pharisäer verlangen mit Erfolg vom römischen Landpfleger Pilatus Wachen für das Grab des Aufwieglers und Verführers, der vor der Kreuzigung seine Auferstehung von den Toten verkündet hatte: „Sie gingen hin und verwahrten das Grab mit Hütern und versiegelten den Stein „(Mt. 27, 66). Wird nichts nützen, wir wissen es. Am dritten Tag fährt der Engel hernieder, die Erde bebt, er wälzt den Stein zur Seite und setzt sich darauf, eine Gestalt „wie der Blitz". Und die Hüter „erschraken vor Furcht und wurden, als wären sie tot" (Mt. 28,4). So haben sie viele Künstler als pittoreske Nebenfiguren ins ungeheure Geschehen drapiert, als Statisten der Ohnmacht, hingestürzt, durcheinander gekegelt, lächerlich in ihrer Hilflosigkeit, sodass die Eruption der Auferstehung noch gewaltiger, erschütternder, machtvoller wirken kann.

Bernhard Strigel, in Memmingen in den 1460er Jahren geboren und dort 1528 gestorben, hat es anders gemacht. Der Hofmaler Kaiser Maximilians I. schuf kein Auferstehungsbild, sondern malte zu einem sogenannten heiligen Grab in der Memminger Frauenkirche vier Wächter als angemietete Kriegsknechte in den farbenprächtigen Wämsen, Strumpfhosen, Mützen, Wappnungen und Helmen seiner Zeit. Sie sind keineswegs vom Schock betäubt, sondern richtig eingenickt. Drei von ihnen hängen in der Münchner Alten Pinakothek. Schon oft habe ich vor ihnen gesessen und versucht, meditativ in ihre Träume einzudringen. Strigel sind grandiose Charakterstudien des Schlummers gelungen: Der rote Bursche mit der prächtigen Fellkappe ist über seiner Hellebarde zusammengesackt, nur der Bart spitzt unter dem Kappenrand hervor. Der Armbrustschütze wiederum hat seine elfenbeinverzierte Waffe unter die bequem angewinkelten Beine geschoben und ist nach hinten auf die Schräge eines Waldrandes so tief in Schlaf gesunken, als läge er friedlich im Bett.

So genau und humorvoll die Stellungen erfasst sind, so souverän die beiden in die Landschaft komponiert sind – es ist der dritte Mann, der dem ganzen Zyklus seinen Zauber gibt. Der Schlummer hat ihn im Sitzen überrascht und drückt den bärtigen Kopf, ein zum Schutz der Ohren mit Radscheiben versehener Helm darauf, nach vorn schwer auf die linke Hand. Wegen schmerzhafter Unbequemlichkeit ausgezogen liegt der Panzerhandschuh zwischen den fast obszön weit gespreizten angehockten goldgelben Beinen – mächtige Schenkel, ein wuchtiges Gesäß –, die nicht nur den Oberkörper vor weiterem Kippen abstützen, sondern das ganze Bild strebepfeilerartig zu tragen scheinen. Die herabhängende, am Boden aufliegende Rechte umfasst kraftlos einen Streitkolben, das rote Wams wird von Kettenhemd und Brustharnisch überdeckt. Der Unterkiefer klappt in tiefer Erschlaffung herab, die Zähne werden sichtbar. Der Bildraum öffnet sich magisch: über bläulich gleißendes Wasser gleitet der Blick hinüber zu einem golden schimmernden

Feenschloss, hinter dem sich dunkel ein Bergrücken wölbt. Als Ziel der Perspektive aber reckt sich ein Gipfel in den Himmel schneeweiß und unerreichbar fern, der Kegel eines mächtigen Vulkans. Es will scheinen, als träume dieser Ungeschlachte von dieser anderen Welt, die seinen Kopf unwirklich schwebend umgibt.

Scharf trennt Strigel Vorder- und Hintergrund und verbindet sie dennoch elegant durch den nach vorne gesenkten Kopf. Leicht kontert er die das halbe Bild massiv verstellende Gliedmaßenarchitektur des Wächters mit der Fata Morgana dieser Landschaft und gibt dadurch dem ganzen Gemälde seine lockende Raumtiefe, an deren Horizont sich jener Zauberberg erhebt, der die für Strigels Zeiten natürlich unmögliche Assoziation weckt, im Traum des Grabwächters zeige sich der in seiner Ebenmäßigkeit schönste und heiligste aller Vulkane, der Fujiyama. –

So ins Sehen und Sinnen vertieft bin ich selber eingenickt ...

ARBEIT AM FADENRISS

Wie lange ein Nickerchen dauert? Etwa zehn bis zwanzig Minuten, in besonderen Fällen auch länger. Aber die abstrakte physikalische Zeit sagt nichts aus über das subjektive Empfinden, das ganz andere Längen und Zeitgefühle spürt. Die Frage, was denn länger sei, ein Chopin-Nocturne oder ein Adagio von Anton Bruckner, lässt sich mit der Stoppuhr in der Hand leicht beantworten. Geht es aber um die innere Zeit des Erlebens, um das Dabeisein, ja Einssein mit der Musik, dann gibt es keine messbare Dauer, dann sind die Stücke gleich lang oder kurz.

Ähnliches gilt für das Schlafen und Träumen. Wir legen uns um Mitternacht hin und stehen nach sechs bis acht Stunden wieder auf, so sind wir programmiert. Abweichungen bemerken wir irritiert. Aber während des Schlummers fällt jedes Bewusstsein dafür aus. Manchmal wachen wir auf, fühlen uns wie neugeboren und sind hellwach. Das müssen acht Stunden gewesen sein. Aber es waren nur viereinhalb. Oder wir können nach neun Stunden die Lider kaum heben, verspüren nur Zerschlagenheit und haben schwere Glieder. War in der Nacht Vollmond, gab es einen Wetterumschwung oder sind es Vorzeichen einer Krankheit? Wir wissen es nicht. Wenn der Faden des kontrollierenden Bewusstseins einmal gerissen ist, gibt es kein Erkennen, Begreifen mehr. Deshalb meinten viele Ärzte des Altertums, dass der Schlaf der Bruder des Todes sei, ein seltsamer, wenn nicht unheimlicher Zustand.

Auch beim Nickerchen ist dieser Moment des Bewusstseinsverlustes, des Abtauchens bis an jene Stelle, wo wir uns selbst aus den Augen verlieren und abhanden kommen, entscheidend, der Fadenriss. Beim Wiederauftauchen danach erleben wir das Gefühl von Erneuerung, erhöhter Aufnahmefähigkeit und Reaktionsschnelligkeit. Solange bleiben wir beim Nickerchen an die physikalische Zeit und Welt gebunden, bis wir jeglicher Wahrnehmung entkommen sind auf dem Weg in unsere inneren Gemächer, wo es keine Messgeräte gibt. Vielleicht haben deshalb viele Menschen Angst vor dem Einnicken, weil sie nicht wissen, in welchem

Zustand sie aus diesen Hinterzimmern wieder hervorkommen, ja, ob sie überhaupt wieder herausfinden. Wie schon erwähnt ähnelt das Nickerchen, wenn es zugelassen wird, ein wenig einer Ohnmacht, allerdings einer freiwilligen. Wer je aus einer echten Bewusstlosigkeit erwacht ist, weiß, wie neu die Welt dann aussieht. Alle Farben leuchten wie noch nie, die Luft scheint würziger, das Tastgefühl so stark, dass Berührungen geradezu elektrisieren. Alle Sinne scheinen wie frisch installiert und geputzt.

Nun gibt es viele Anleitungen zum autogenen Training, Techniken zum Entspannen, Versuche, jenen Punkt der Beruhigung zu finden, von dem aus Meditieren, Dösen und Tagträumen möglich wird. Das einfachste Verfahren bleibt es, sich aufkommender Müdigkeit nicht entgegen zu stellen oder sie zu verdrängen, sondern den Körpersignalen zu trauen und sich mitnehmen zu lassen. Es gibt keine Garantie, dass es uns immer am richtigen Ort zur rechten Zeit erwischt, also zuhause irgendwann am Nachmittag auf dem Kanapee. Manchmal schlägt das Hypnos-Imperium so heftig

wie ungelegen zu, und man muss sich zusammen-
reißen, dass man nicht beim Gang durch die Stadt
beim nächsten Bettengeschäft durchs Schaufenster
bricht, um sich dort sofort und ohne Scham auf
die ausgestellte Lagerstatt zu werfen.

Ein alter Nennonkel im Dorf hatte die Angewohnheit, sich nachmittags auf die Bank vor dem
Haus zu setzen. „Meine Döszeit", pflegte er zu sagen. Er saß dort, zog an seiner Zigarre und schaute
die Dorfstraße hinauf und hinunter. Ab und zu
schloss er die Augen, wenn er den Rauch ganz
langsam aus seinem Munde blies, besser, austreten
ließ. Wenn jemand vorbei kam und ihn begrüßte,
blieb er einsilbig. Er wollte nicht sprechen, sondern nur schauen, rauchen, die Augen zumachen.
Eines Tages ging er vormittags aus dem Haus zum
Einkaufen. Bei der Rückkehr war er ein bisschen
blass um die Nase. Er stellte seine Tasche ab und
trat auf den nächsten Bauernhof, wo ebenfalls eine
Bank vor dem Wohnhaus stand. Die Bäuerin, die
in der offenen Scheune Kartoffeln wusch, sah ihn:
„Na, Richard, was willst du denn hier?" „Nur mal
hinsetzen", antwortete er und strebte der Bank zu.

Sie kam dazu und nahm neben ihm Platz. Er hatte den Kopf nach hinten gegen die Hauswand gelehnt, die Arme hingen schlapp herab. „Ich nehm' heute meine Döszeit mal hier", sagte er. Sie lachte: „Kommt auf den Hof und will hier 'nen Nickerchen machen. Na, mach' ruhig, Richard!" Sie klopfte ihm auf die Schulter, er grinste mit geschlossenen Augen. Und dann war er eingenickt.

Er saß auch noch zwei Stunden später auf dieser Bank. Es war der Hofhund, der an ihm schnupperte und dann zu heulen anfing. Die Bäuerin kam schnell aus dem Haus. „Was is' denn hier los? Du dummer Köter!" Sie scheuchte das Tier beiseite, schaute nach Richard und fasste seinen Arm: „Richard, wie geht's?" Da rutschte er auf die Seite, weil er den Faden endgültig hatte reißen lassen. Die Dorfbewohner haben ihn beneidet um dieses letzte Nickerchen, denn eine leichtere, elegantere Art sich auf dem Fluss ohne Wiederkehr einzuschiffen, lässt sich doch kaum vorstellen.

DAVOR UND DANACH

In den verschiedenen Phasen des Nickerchens gibt es ebenfalls das Auftauchen von Halluzinationen im Halbschlaf, Visionen, Gestalten, Tagesreste, chaotische Assoziationsknäuel und ab und zu ein klares Traumgesicht, eine „Geschichte". Und so gut das Schlummern tut, so angenehm ist es, nicht mehr zwischen Tagtraum und echtem Traum zu unterscheiden.

Kant hat vom Schlaf als „genuss- und tatleeres Drittel" im Leben gesprochen, obwohl er selber wusste, dass hinter den zugeklappten Lidern einiges geschieht: „So erinnere ich mich sehr wohl, wie ich als Knabe, wenn ich mich, durch Spiele ermüdet, zum Schlafe hinlegte, im Augenblick des Einschlafens durch einen Traum, als ob ich ins Wasser gefallen wäre, und, dem Versinken nahe, im Kreise herumgedreht würde, schnell erwachte, um aber bald wieder und ruhiger einzuschlafen." Von Rem-Phasen hatte er keine Ahnung, aber ihm war klar, „dass kein Schlaf ohne Traum sein könne, und wer nicht geträumt zu haben wähnt, seinen Traum nur vergessen habe."

Manche Träume bieten ganze Biographien, große Ausfahrten, Begegnungen mit zahlreichen Personen. Oder sie blitzen nur auf, ein Bild, ein Antlitz, eine Szene, manchmal in einer Art extremer slow motion bis zur endgültigen Erstarrung jeglicher Bewegung, manchmal im wildesten Zappelzeitraffer bis ins unerkennbare Farbenfluttern hinein. Geträumte Zeit ist wie erlebte Zeit, physikalisch gemessen sind es vielleicht nur Minutenbruchteile, aber das hat nichts mit dem subjektiven Empfinden des Träumenden zu tun. Insofern lautet jede Antwort auf Fragen nach der Dauer von Nickerchen, Blackouts, Träumen: Keine Ahnung.

Jene Phasen vor und nach den Fadenrissen, die also entweder zu ihnen hin- oder von ihnen wegführen, haben Dichter und Philosophen seit Jahrhunderten besonders interessiert, weil in ihnen die schweifende Phantasie vielfältige Gestalten und Bilder erzeugt. Samual Taylor Coleridge, der bedeutende englische Romantiker, behauptete, in dieser Phase, allerdings mit Opium verstärkt, sein berühmtes Gedicht „Kublai Khan" sozusagen somnambul und direkt aus den Halluzinationen nieder geschrieben zu haben. Wäre er nicht gestört worden, hätte er es vollenden können, was allerdings niemand beweisen kann. Bekanntlich hat sich Goethe neben das Bett Papier und einen weichen Bleistift gelegt, um jederzeit die Einfälle festhalten zu können. Einen weicher Stift deshalb, weil ein Festhaken auf dem Blatt die Phantasiekette zerrissen hätte. Jean Paul hat diese äußerst fragilen Hirngespinste im Zustand des Halbwachen-Halbschlafenden „Empfindbilder" genannt im Gegensatz zu „Vorstellbildern", die in Wach- oder Tagträumen entstehen.

Auch Marcel Proust haben die Halbschlaferscheinungen gefesselt. Kaum im Bett fielen ihm die Augen so schnell zu, dass er nicht einmal sich selber sagen konnte: „Ich schlafe ein." Doch er wachte rasch wieder auf, weil er meinte, „dass es Zeit sei, den Schlaf zu suchen; ich wollte das Buch fortlegen, das ich noch in Händen zu halten wähnte, und das Licht ausblasen". Was schon geschehen war, ohne dass Proust es kontrollierte, weil der Schlummer schon die Macht übernommen hatte, will er nun noch einmal kontrolliert tun, er begegnet sich sozusagen selbst zwischen Wachen und Schlafen.

Solche hypnagoge Halluzinazionen, so hat sie 1848 der französische Psychiater Alfred de Maury bezeichnet, bleiben trotz aller Faszination schwer zu greifen und als Inspirationsquelle zu nutzen, weil ihre Flüchtigkeit sich dem formenden Bewusstsein leicht entzieht, wie gerade Edgar Allen Poe, der große Visionär des Grauens, beklagte: „Doch gibt's da auch noch Phantasien von exquisiter, zartester Feinheit, die man nicht als Gedanken bezeichnen kann und angesichts deren mir's bisher unmöglich gewesen, das passende Sprachkleid zu finden." Am schönsten hat vielleicht Annette von Droste-Hülshoff, die eine starke halluzinatorische Begabung hatte, Farben und Überlagerungen der rasch auf- und abtauchenden Gesichte in Verse gefasst:

„Mir ist als seh ich lichter Locken Hang/ Gleich Feuerwürmern seh ich Augen glühen,/ Dann werden feucht sie, werden blau und lind./ Und mir zu Füssen sitzt ein schönes Kind."

BESUCH BEI DEN WEISEN

Zwar hat das Nickerchen an Wertschätzung in der Allgemeinheit und sogar in der Öffentlichkeit gewonnen, spätestens seit der medizinischen Erkenntnis, dass ausgeschlafene Leute in der Wirtschaft Nutzen bringen, auch wenn sie dafür ein „Powernapping" benötigen. Dennoch sind die Schamschwellen weiterhin hoch, einfach drauflos zu nicken, wie es einen gerade ankommt. Dieses Büchlein wollte zu der Einsicht verhelfen: Es gibt nahezu keine Situation im Leben, in der nicht der kleine Schlaf, die Minutenabwesenheit, die Schlummereinlage eine Rolle spielt oder spielen könnte. Künstler aller Sparten haben das Nickerchen dargestellt, sein kreatives Potential auszuschöpfen versucht, ohne je ein Ende finden zu können. Überall wird es gebraucht, selten aber wird es so willkommen geheißen, wie es ihm gebührt. Immer noch behindern gesellschaftliche Normen die Akzeptanz dieses letztlich anarchischen Aktes kurzzeitiger Abwesenheit bei gleichzeitiger körperlicher Anwesenheit. Dass allerdings bei

Gericht schlafende Schöffen und Beisitzer, was häufiger passiert, als der Laie ahnt, als nicht anwesend gelten, geschieht zweifellos zurecht. Schließlich werden da Menschenschicksale verhandelt, die ein Recht auf ungeschmälerte Aufmerksamkeit und Wachheit haben.

All denen, die Künstler des Sekundenschlafs, Meister des Einnickens, Virtuosen des kleinen Schlummers in allen Lagen beneiden oder bedauern, verspotten oder als echte Napnoozler so tun, als schliefen sie im Gegensatz zu solchen Schlafmützen und Träumern niemals ein, all denen also sei die so tiefsinnige wie frech-komische Geschichte des Lehrers Soyen Shaku über die Welt hinter den geschlossenen Lidern der Schlafenden ans Herz gelegt:

„,Unser Schulmeister pflegte jeden Nachmittag ein Schläfchen zu halten', berichtete ein Schüler des Soyen Shaku. Wir Kinder fragten ihn, warum er das tat, und er sagte zu uns: ,Ich gehe ins Traumland, um die alten Weisen zu treffen, so wie Konfuzius.' Wenn Konfuzius schlief, so träumte er von alten Weisen und erzählte daraufhin seinen Nachfolgern von ihnen.

Es war eines Tages außerordentlich heiß, und so machte jeder von uns ein Schläfchen. Unser Schulmeister schalt uns. ‚Wir gingen ins Traumland, um die alten Weisen zu treffen, so wie Konfuzius es tat‘, erklärten wir. ‚Was war die Botschaft dieser Weisen?‘ fragte unser Schulmeister. Einer von uns antwortete: ‚Wir gingen ins Traumland und trafen die Weisen und fragten sie, ob unser Schulmeister jeden Nachmittag zu ihnen käme, aber sie sagten, solch einen Burschen hätten sie nie gesehen.‘“

MORAL

Alle, die in diesem Büchlein über Wesen und Kunst des Nickerchens lesen, gewinnen am meisten, wenn sie es zum Anlass nehmen, sich dabei jede Mütze Schlaf zu holen, die sie kriegen können. Wenn sie aber den toten Punkt, wie ein Musikwissenschaftler jenen Moment nannte, an dem er verzweifelt gegen den Sandmann kämpfte, indem er in seinem langen Haar sinnlos wühlte, die Brille wieder und wieder vor die fast geschlossenen Augen schob, ohne nun irgendetwas besser oder schärfer sehen zu können, weil die inneren Lider längst den Kontakt zur Außenwelt unterbrochen hatten, – wenn sie also den toten Punkt durch fröhliches und hingabebereites Einnicken überwunden haben und erwachen, auftauchen, auch hochfahren, dann wünsche ich mir, dass jeder sich danach einmal reckt, einmal streckt, die Augen richtig aufschlägt und voll und ganz im Hier und Jetzt ankommt mit den Worten: Ich bin erfrischt. –

NOTABENE

Da der Herr es nur den Seinen im Schlaf gibt, gilt mein Dank all jenen, die mein Scheitern auf dieser Expedition ins Reich des Nickerchens mit Anregungen, Einfällen, Ermutigungen, aber auch mit Spott, Scherz, Satire und tieferer Bedeutung verhinderten:

Ernst Beierlein, Marlies Becker-Busche, Vincenzo und Oskar Camerlingo, Annette Fiebelkorn, Fritz Göttler, Christiane Grefe, Regula und Arthur Jucker, Hanns Köhler, Walter Leberl, Alexander Menden, Bernhard Nimbach, Ulrich Raulff, Wolfgang Schreiber, Horst Thürheimer, Hermann Unterstöger, Rudolf Walter, Johannes Willms.

Kleine Kostbarkeiten

Anselm Grün
Das kleine Buch vom wahren Glück
Band 7007
Für alle Lebenslagen – ganz besonders, wenn der Alltag einmal
grau oder allzu turbulent zu werden droht.

Karl Forster
Lob der Hängematte
Band 7010
Ein Vergnügen für Langschläfer und Tagträumer, für
Hängematten-Fans und Hektik-Feinde.

Anton Lichtenauer (Hg.)
Das kleine Buch zur guten Nacht
Band 7006
Sich auf die Nacht vorbereiten und den Tag ausklingen lassen.
Sich einstimmen auf einen gesunden Schlaf und Träume,
die gut tun.

Karin Lichtenauer (Hg.)
Schenk dir eine Pause
Band 7009
Urlaub für die Seele: Wer pausiert, hat mehr vom Leben – die
Zeit nämlich, die Genuss und Spaß bringt.

HERDER spektrum